PC-Führerschein

Lehrerheft

Für Windows 7 und 10,
Office 2007/2010/2013/2016
und OpenOffice

Margret Datz & Rainer Walter Schwabe

Mildenberger

Liebe Lehrerinnen und Lehrer,

in den folgenden Ausführungen werden die Arbeitsabläufe aus den Schülerheften nicht wiederholt, sondern Ergänzungen, Alternativen und Hintergrundinformationen dazu angeboten. Wie in den Schülerheften bauen die Inhalte des PC-Führerscheins von Heft 2 auf die des PC-Führerscheins von Heft 1 auf.

Sie erfahren, wo Sie die in den Schülerheften benötigten Dokumente, Bilder, Spiele und Programme finden und wie Sie diese auf Ihren und/oder die Schulcomputer herunterladen können. Von wiederholter Bedeutung wird in diesem Zusammenhang die folgende Internetseite sein. Es ist daher sinnvoll, sie gleich im ersten Schritt in Ihrem Browser unter Ihren **Favoriten** (Internet Explorer oder Microsoft Edge) bzw. **Lesezeichen** (Mozilla Firefox) abzuspeichern:

www.pc-fuehrerschein-fuer-kinder.de

oder auch

www.pc-führerschein-für-kinder.de

Eine Internetseite zu den Favoriten/Lesezeichen hinzufügen

1. Geben Sie die Internetadresse ein.

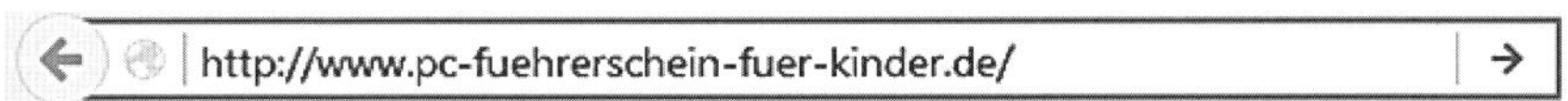

oder

2. Speichern Sie diese Internetseite über das Menü je nach verwendetem Browser wie folgt ab:

Internet Explorer:
Favoriten ▸ Zu Favoriten hinzufügen…

Mozilla Firefox:
Lesezeichen ▸ Lesezeichen hinzufügen

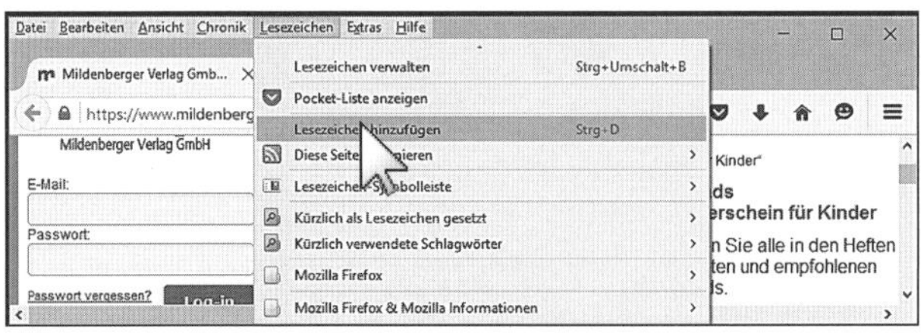

Microsoft Edge:
Klick auf die Schaltfläche ☆

⇢ Ab sofort können Sie die Internetseite direkt über den Menüpunkt Favoriten bzw. Lesezeichen ohne mühseliges Eintippen der Adresse aufrufen.

Hinweis für Schulcomputer ohne Internetzugang

Da davon auszugehen ist, dass nicht jeder Schulcomputer mit dem Internet verbunden ist, wurden alle benötigten Dateien auf der links genannten Webseite auch zum Download bereitgestellt. Für Schulcomputer ohne Internetzugang empfiehlt sich daher, diese auf einem mit dem Internet verbundenen Computer herunterzuladen, auf CD zu brennen oder einem USB-Stick zu speichern und anschließend über diese Speichermedien auf den einzelnen Schulcomputern zu installieren.

- Das Schülerheft 1 ist auf diese Weise vollständig ohne Internetverbindung jedes einzelnen Schulcomputers verwendbar.
- Für die lückenlose Bearbeitung des Schülerheftes 2 ist eine Internetverbindung jedoch unerlässlich, da die Kinder in einigen Kapiteln gezielt den sinnvollen Umgang mit dem Internet lernen sollen.

Inhaltsverzeichnis

Notizen und Anmerkungen

Kapitel 1

Ziele und Lösungen (Heft 1)

Es werden im Folgenden nicht alle Lösungen angegeben, da viele nicht darstellbar oder sehr einfach sind.

Kapitel 1 – Das gehört zum Computer

Ziele

- Geräte, die zum Computer gehören, erkennen
- die Maus benutzen
- die Tastatur benutzen
- den Computer ein- und ausschalten
- den Desktop kennenlernen

Lösungen

S. 6: Nicht zum PC gehören Taschenrechner, Mixer und Radio.
S. 12: Lösungswort: Computer
S. 13: Bildschirm links

Hinweise

→ Geben Sie den Kindern genügend Zeit, sich an die Maus zu gewöhnen. Dabei soll die gesamte Hand auf die Maus gelegt werden, mit dem Zeigefinger wird die linke Maustaste, mit dem Mittelfinger die rechte Maustaste bedient. Je sicherer die Kinder im Umgang mit der Maus sind, desto schneller und besser können sie später arbeiten. Es wäre sehr schön, wenn mit einer kleineren Maus gearbeitet werden könnte, die besser in der Kinderhand liegt.

→ Auch die Tastatur sollte zunächst nur ausprobiert werden, um einen Überblick zu bekommen.

→ Jedes Kind sollte üben, den Computer einzuschalten und herunterzufahren. Erfahrungsgemäß bereitet das auch im 1. Schuljahr keine Schwierigkeiten.

Kapitel 2 – Mit dem Computer malen

Ziele

- das Malprogramm Paint öffnen
- mit Pinsel und Stift malen
- Kreise malen
- farbig malen
- Formen mit Farbe ausfüllen
- den Radierer benutzen
- das Bild ausdrucken
- das Programm beenden

Lösungen

S. 16: Lösungswort: malen
S. 20: Lösungswort: drucken

S. 21 oben:

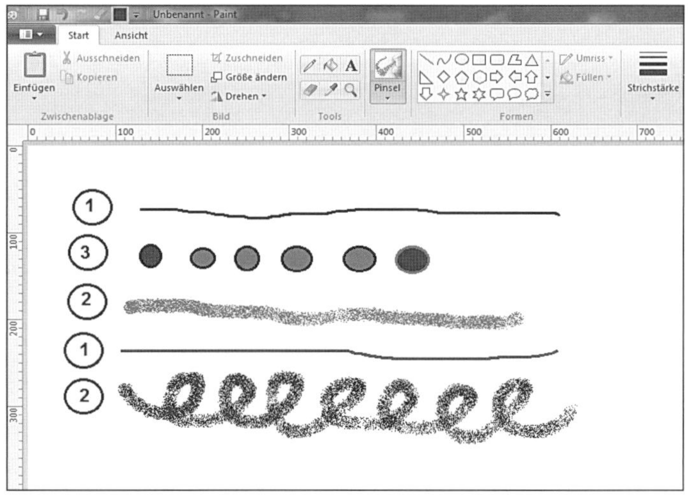

S. 21 unten:

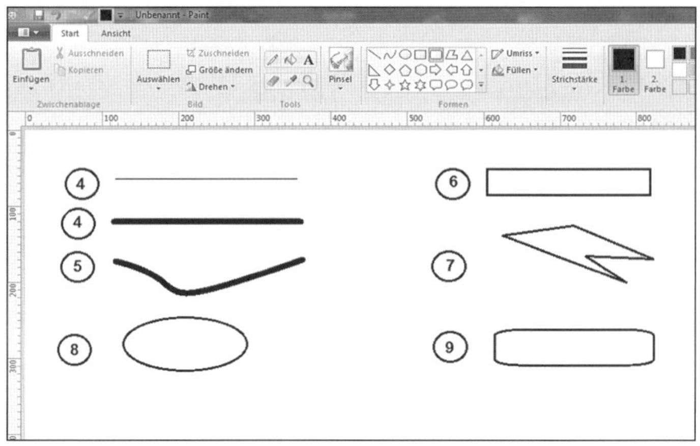

S. 23: Lösungswort: Paint

Hinweise

Stellen Sie eine Verknüpfung von Paint auf dem Desktop her, damit die Kinder das Programm direkt von dort öffnen können:

1. Klicken Sie dazu mit der linken Maustaste auf **Windows-Startsymbol ▶ Alle Programme ▶ Zubehör**. In der dann sich öffnenden Liste erscheint das Programm **Paint**. Bei **Windows 10** ist der Weg: **Windows-Startsymbol ▶ Alle Apps ▶ Windows-Zubehör**.
2. Klicken Sie nun mit der **rechten** Maustaste auf **Paint**.
3. Gehen Sie mit der Maus auf **Senden an ▶ Desktop (Verknüpfung erstellen)** und klicken Sie dort wieder „normal" mit der linken Maustaste. Bei **Windows 10** wählen Sie **An „Start" anheften** und ziehen die Paint-Kachel dann mit der linken Maustaste aus dem Startmenü auf den Desktop.
4. Die Verknüpfung zu Paint erscheint auf dem Desktop. Bei **Windows 10** können Sie Paint-Kachel anschließend wieder aus dem Startmemü entfernen, indem Sie sie mit der **rechten** Maustaste anklicken und dann **Vom „Start" lösen** wählen.

- Paint ist ein einfach zu bedienendes Malprogramm im Windows-Zubehör und ist auf jedem Computer mit dem Betriebssystem Windows installiert.
- Auch bei Paint sollte man den Kindern Gelegenheit geben, die Schaltflächen und Funktionen auszuprobieren.
- Paint eignet sich bei entsprechenden Aufgaben im Wochenplan hervorragend zur Überprüfung der Lesefähigkeit im ersten Schuljahr. Aufträge z. B.: Male ein Haus. Male einen Baum. Male eine schwarze Katze.

Kapitel 3 – Mit dem Computer schreiben (1)

Ziele

- erfahren, dass es verschiedene Schreibprogramme gibt
- das eigene Schreibprogramm aufrufen
- Buchstaben und Wörter schreiben
- große und kleine Buchstaben schreiben
- die „oberen Zeichen" auf den Tasten benutzen
- Fehler berichtigen
- das Programm beenden

Lösungen

S. 31: Computer, Mauszeiger, Schreibprogramm

Hinweise

- **Word** ist ein Teil des Office-Programmpakets von Microsoft. Es ist relativ teuer und deshalb wohl nicht an allen Schulen lizenziert. Da es aber das privat gebräuchlichste Textverarbeitungsprogramm ist, wird an dieser Stelle dennoch darauf eingegangen.
- Das Programmpaket **OpenOffice** ist eine kostenlose Alternative zu **Microsoft Office** mit vergleichbaren Funktionen und Teilprogrammen. Der **OpenOffice Writer** z. B. entspricht dem Schreibprogramm **Microsoft Word**.

Herunterladen können Sie OpenOffice unter https://www.openoffice.org/de.

1. Rufen Sie dazu **https://www.openoffice.org/de** auf.
2. Klicken Sie dort auf Download. (Die Ziffernfolge ändert sich mit jeder neuen Version und kann somit von der Abbildung abweichen.)

3. Das Speichern und der Start der Installation ist abhängig von Ihrem Internet-Browser. Beim **Mozilla Firefox** klicken Sie zunächst auf **Datei speichern**. Dann öffnen Sie den **Download-Bereich** und klicken doppelt auf die Datei. Beim **Internet Explorer** aktivieren Sie die Schaltfläche **Ausführen**.

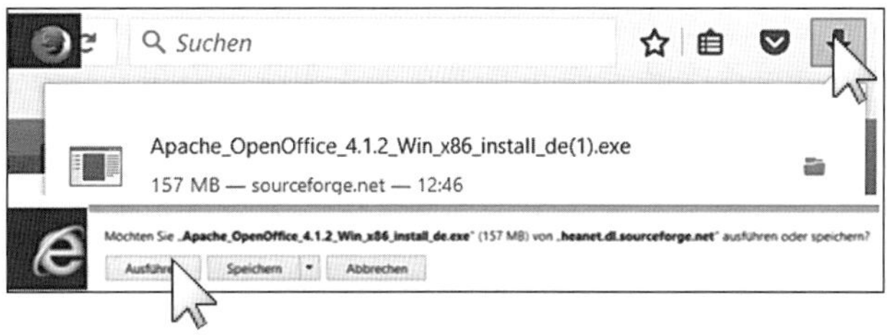

4. Klicken Sie auf die Schaltfläche **Weiter**, beginnt die Installation. Die Dateien für das Programm müssen zunächst **entpackt** werden. Das kann einige Zeit in Anspruch nehmen!

5. Dann startet der **Installationsassistent**. Klicken Sie auf die Schaltfläche **Weiter**.

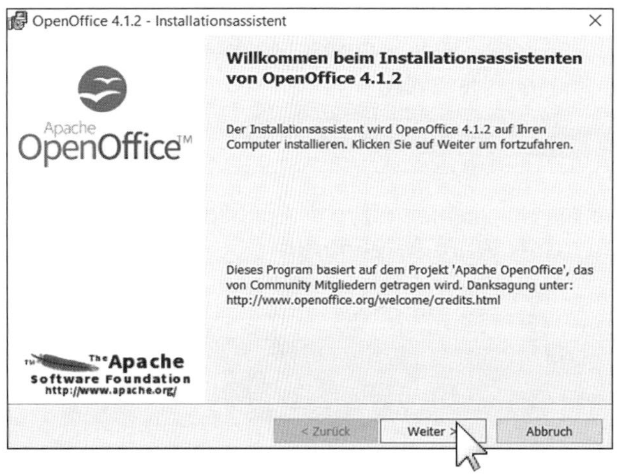

6. Über die Schaltfläche **Weiter** gelangen Sie zu den einzelnen Schritten.

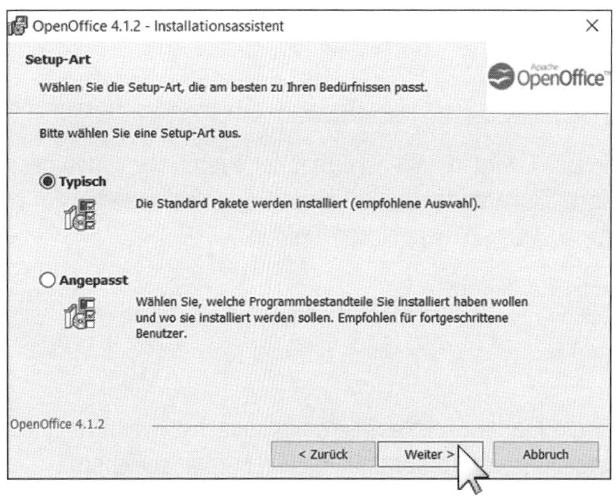

7. Die Installation beginnt. Eine Verknüpfung zum Start des Programms wird dabei auf dem Desktop angelegt.

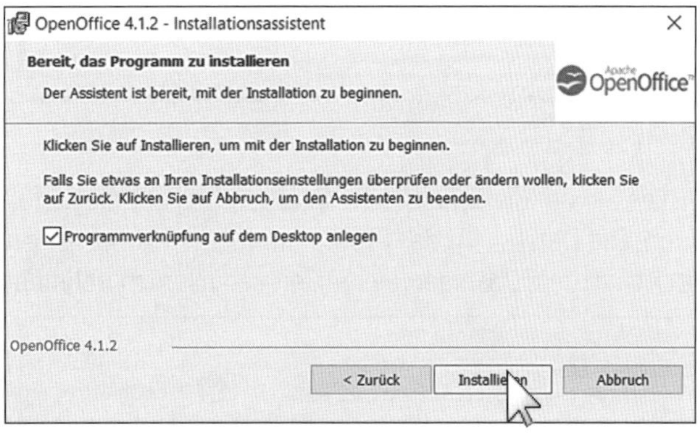

8. Die Installation ist beendet.

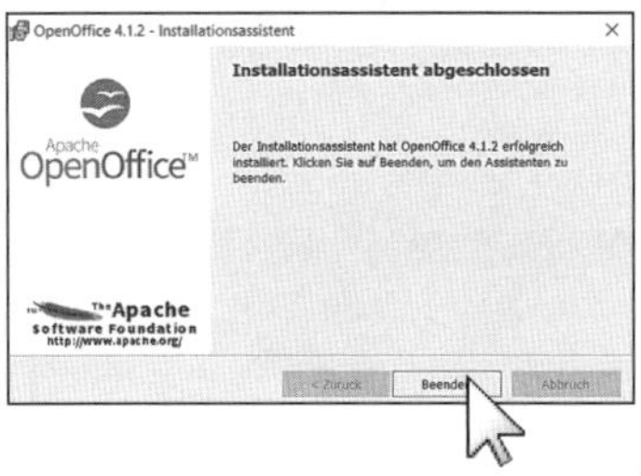

Das Programmpaket ist nicht nur kostenlos, sondern auch ohne ein zusätzliches Plug-in kompatibel mit Microsoft Office, wenn Sie die Dateien entsprechend abspeichern:

1. Geben Sie der Datei beim Speichern wie gewohnt einen Namen (hier: Testdatei).

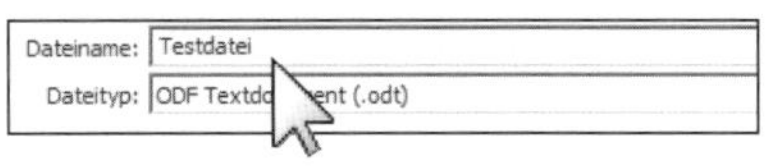

2. Wählen Sie unter **Dateityp** den Eintrag **Microsoft Word 97/2000/XP**.

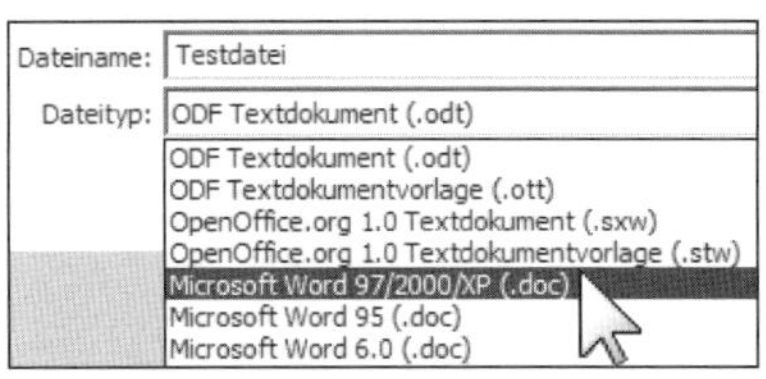

3. Klicken Sie anschließend auf die Schaltfläche **Aktuelles Format** beibehalten.

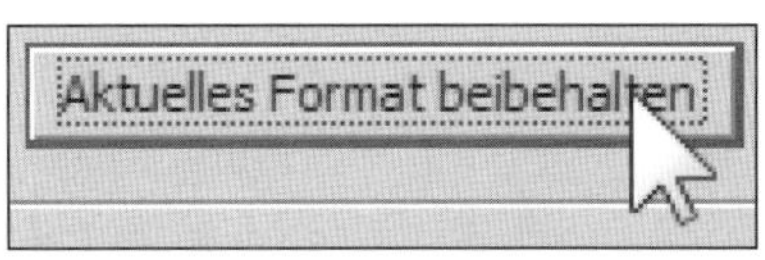

Die Datei wird im Word-Format der älteren Versionen gespeichert. Sie kann dann aber auch von den neueren Versionen (Word 2007–2016) gelesen werden.

→ Für die Kinder reicht es allerdings zunächst, wenn sie ihre Datei im jeweils programmeigenen Format speichern.

Kapitel 4 – Mit dem Computer spielen (1)

Ziele

- das Puzzle aufrufen und beenden
- Puzzle-Teile mit gedrückter linker Maustaste bewegen (Drag-and-drop)
- ein interaktives Memo-Spiel aufrufen, spielen und beenden

Hinweise

Das **Puzzle Vito** und das **Memo-Spiel Hunde** finden Sie auf **www.pc-fuehrerschein-fuer-kinder.de** oder **www.computer-in-der-schule.de/page80.html**.

Die Vorgehensweise für den Download finden Sie auf Seite 33 ff.

Für Schulcomputer ohne Internetzugang:

→ Es empfiehlt sich, die Spiele auf einem Computer mit Internetzugang von den besagten Seiten herunterzuladen, auf CD zu brennen oder auf einem USB-Stick zu speichern und anschließend auf die Schülercomputer zu speichern.

→ Kinder, die schon fertig sind oder noch auf einen PC warten müssen, können sich in dieser Zeit ein herkömmliches Memo-Spiel basteln. Dazu eignen sich die Fachbegriffe aus Kapitel 9 des Schülerheftes.

Kapitel 5 – Einen Ordner anlegen

Ziele

- einen Ordner anlegen
- einen Ordner umbenennen

Lösungen

S. 41: Text der Geheimschrift: Ein Ordner im Computer ist wie ein Aktenordner im Schrank, in dem du deine Arbeiten abheften kannst.

S. 42: gesuchte Fachbegriffe im Rätsel:

A	C	V	D	A	T	E	I	K	I	I
V	M	Ö	U	J	Y	Ö	J	S	D	Ö
M	A	U	S	T	A	S	T	E	X	B
V	L	D	T	A	S	T	A	T	U	R
V	E	R	Z	E	I	C	H	N	I	S
D	I	E	K	C	L	N	L	Ä	Ö	P
K	G	G	C	O	M	P	U	T	E	R
O	R	D	N	E	R	X	P	P	Y	M

Hinweise

- Befolgen Sie zum Anlegen der für Schritt 1 benötigten Ordnerverknüpfung analog die Anleitungen auf Seite 22 ff. und Seite 41.
- Achten Sie darauf, dass die Kinder Dateien, die sie angefertigt haben, immer nur in ihrem eigenen Ordner abspeichern.

Kapitel 6 – Mit dem Computer schreiben (2)

Ziele

- eine Schriftart aussuchen
- die Schriftgröße ändern
- eine eigene Geschichte mit dem Computer aufschreiben
- die Geschichte (Datei) speichern
- die Geschichte (Datei) wieder aufrufen

Lösungen

S. 44: Schriftart, Größe
S. 49: Fachbegriffe in Spiegelschrift:
Schriftart, Schriftgröße, Datei, speichern, Dateiname, Schaltfläche, Schreibprogramm, anklicken, aufrufen, Ordner

Hinweise

- Das Einstellen von Schriftart und Schriftgröße ist in den zwei verwendeten Schreibprogrammen (Microsoft Word und OpenOffice Writer) gleich.
- Geben Sie den Kindern genügend Zeit für Experimente mit den Schriftarten und -größen.
- Die Geschichte soll zuerst mit der Hand aufgeschrieben werden, weil das Erzählen an sich in dieser Altersstufe noch schwierig ist. Die Kinder können sich anschließend auf das Abschreiben des eigenen Textes mit dem PC konzentrieren.
- Da das Abtippen meist langsam vorangeht, lernen die Kinder im gleichen Kapitel das Speichern und erneute Öffnen der Datei. So können sie das Abtippen unterbrechen und später wieder fortsetzen.

Kapitel 7 – Mit dem Computer Bilder einfügen

Ziele

- eine Grafik (ein Bild) aussuchen
- eine Grafik (ein Bild) in den Text einfügen
- die geänderte Geschichte speichern

Lösungen

S. 55: Wörter, die zum Wortfeld Bild gehören:
Abbild, ClipArt, Skizze, Zeichnung, Grafik
S. 56: Farbe geändert, gespiegelt

Hinweise

- Grafiken (Bilder) heißen in **Word** ClipArt. Je nach Version kann die ClipArt-Sammlung unterschiedlich sein. Deshalb muss nicht unbedingt dasselbe Bild eingefügt werden wie im Beispiel. Wichtig ist hier, dass die Kinder den Weg lernen.
- Der **OpenOffice Writer** ist mit einer Reihe von Piktogrammen ausgestattet. Diese Sammlung können Sie aber mit jeder auf Ihrem PC gespeicherten Bilddatei über die Schaltfläche **Neues Thema…** ergänzen.

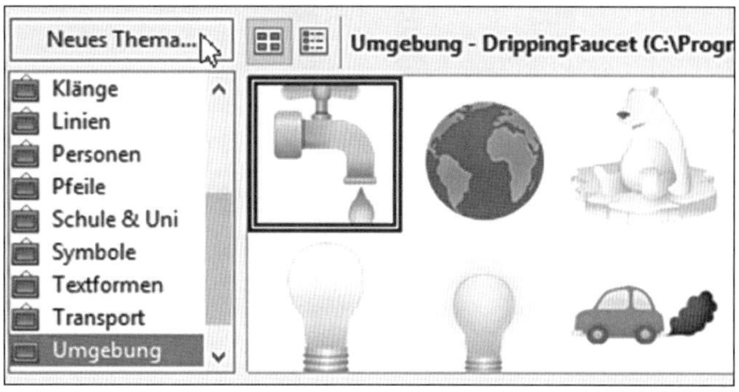

Kapitel 8 – Mit dem Computer spielen (2)

Ziele

- ein Zuordnungsspiel am Computer durchführen
- mit gedrückter linker Maustaste arbeiten (Drag-and-drop)
- ein Quiz am Computer durchführen

Lösungen

S. 59: Wörter für den Lückentext:
verschieben, ein Kreuz, Bild, mein Ergebnis, zu beenden

Hinweise

Die Spiele finden Sie auf
www.pc-fuehrerschein-fuer-kinder.de oder
www.computer-in-der-schule.de/page80.html.

Die Vorgehensweise für den Download finden Sie auf Seite 55 f.

- Es handelt sich dabei um Hot-Potatoes-Spiele, die Sie auch selber herstellen können. Das dafür nötige Programm können Sie kostenlos herunterladen unter **http://hotpot.uvic.ca/**.
- Befolgen Sie zum Anlegen der für das Zuordnungsspiel benötigten Dateiverknüpfung analog die Anleitungen auf Seite 22 ff. und Seite 41.

Kapitel 9 – Fachbegriffe zum Computer

Ziele

- Fachbegriffe kennenlernen
- sich Fachbegriffe spielerisch einprägen

Hinweise

- Die empfohlene Herstellung eines Memo-Spiels aus den Fachbegriffen sowie das Spielen selbst kann z. B. erfolgen, wenn Kinder auf PC-Arbeitsplätze warten müssen. Wenn man das Spiel laminiert, ist es für den weiteren Einsatz haltbar.

Kinder, die dieses Heft erfolgreich durchgearbeitet haben, erhalten den ersten Teil des Computer-Führerscheins, den sie bunt anmalen dürfen.

PC-Führerschein

Teil 1

für

Er/Sie kann
- den Computer ein- und ausschalten
- mit Paint malen
- das gemalte Bild ausdrucken
- ein Schreibprogramm aufrufen
- kleine und große Buchstaben schreiben
- die Schriftart ändern
- die Schriftgröße ändern
- Fehler berichtigen
- einen Ordner anlegen und umbenennen
- eine Datei speichern und wieder öffnen
- ein Bild in einen Text einfügen
- einen geänderten Text speichern
- eine Textdatei ausdrucken
- das Schreibprogramm beenden
- interaktive Spiele durchführen

Schule	Datum	Unterschrift

Kapitel 2

Ziele und Lösungen (Heft 2)

Kapitel 1 – Mit dem Computer schreiben (1)

Ziele

- Zeilen ausrichten
- Wörter oder Texte markieren
- Wörter oder Texte farbig hervorheben
- Wörter oder Texte formatieren (fett, kursiv oder unterstrichen setzen)

Lösungen

S. 4: Lösungswort: Zeile
S. 4: Ausrichtung der Texte: linksbündig, zentriert, rechtsbündig, Blocksatz
S. 7: Kästchen: linksbündig, zentriert, rechtsbündig, Blocksatz
S. 7: Ankreuzen: doppelt anklickst, das Menüband / die Menüleiste
S. 7: Geheimschrift: Zeitungen, Zeitschriften, Büchern
S. 12: Rätsel:
Waagerecht: 3. FETT; 4. BLOCKSATZ; 6. LINKSBÜNDIG;
Senkrecht: 1. RECHTSBÜNDIG; 2. UNTERSTRICHEN;
5. ZENTRIERT; 7. KURSIV

Hinweise

Den Text **Wie Hund und Katze** finden Sie auf **www.pc-fuehrerschein-fuer-kinder.de** oder **www.computer-in-der-schule.de/page80.html** für Microsoft Word und/oder OpenOffice Writer.

Die Vorgehensweise für den Download finden Sie auf Seite 58.

→ Laden Sie die Texte nur einmal herunter und geben Sie den Kindern den Speicherort an. Da die Kinder jetzt selbst einen Ordner besitzen, können sie die von ihnen bearbeitete Datei jeweils dort abspeichern und die Originaldatei bleibt unberührt.

Kapitel 2 – Eine Grafik bearbeiten

Ziele

- eine Grafik einfügen und aktivieren
- eine Grafik verschieben
- eine Grafik in Word formatieren
- eine Grafik vergrößern/verkleinern

Lösungen

S. 20: Lückentext:
die Reihenfolge entspricht der Reihenfolge im Kasten

Hinweise

→ Soweit die Vorgehensweise für Microsoft Word und OpenOffice Writer übereinstimmt, sind die Anweisungen für beide Programme identisch. Sind die Wege unterschiedlich, wird darauf hingewiesen und die Kinder arbeiten auf den entsprechend markierten Seiten.

Die erforderlichen Bilder finden Sie auf **www.pc-fuehrerschein-fuer-kinder.de** oder **www.computer-in-der-schule.de/page80.html**.

Die Vorgehensweise für den Download finden Sie auf Seite 52 f.

Kapitel 3 – Mit dem Computer ins Internet (1)

Ziele

- lernen, was das Internet ist
- lernen, was man für einen Internetzugang braucht
- einen Browser öffnen
- Hyperlinks erkennen
- die Teile einer Internetadresse erkennen
- auf einer Webseite surfen
- die Teile einer E-Mail-Adresse erkennen
- eine E-Mail schreiben

Lösungen

S. 22: (1) Internet; (2) miteinander verbundene Netzwerke; (3) Texte, Bilder oder Videos; (4) Datenanschluss, Router, Computer mit Netzwerkanschluss, Provider; (5) interessante Seiten anschauen, Spiele spielen, E-Mails verschicken
S. 23/24: (1) online; (2) ein spezielles Programm; (3) Browser; (4) surfen; (5) verlinkt; (6) aussehen; (7) eine Hand
S. 24:

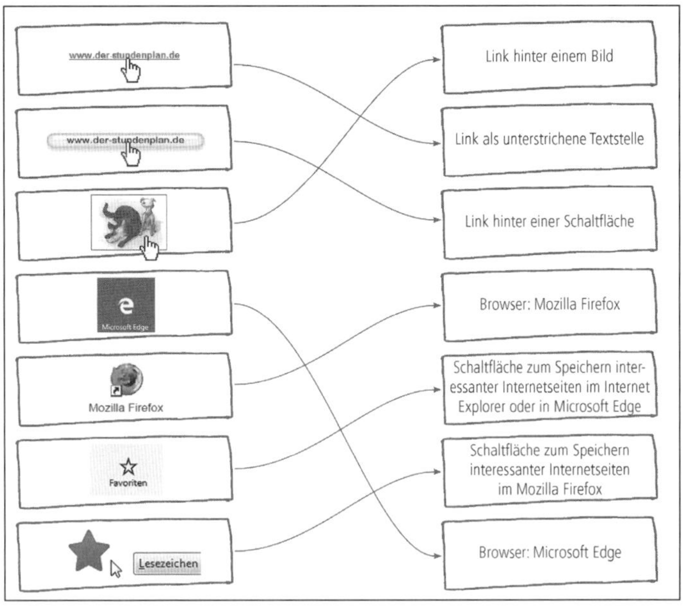

S. 25:

www	.	wissenspool-fuer-kinder	.	de

S. 26: Rubriken: (1) Das Mittelalter; (2) Die Indianer; (3) Unsere Sinne; (4) Spiel und Spaß; (5) Steinzeit; (6) Die Ägypter; (7) Links. Bilder: Hundebilder.
S. 26 unten: Seite konnte nicht gefunden werden

S. 27: Wörterrätsel ohne Füllbuchstaben

			B	E	N	U	T	Z	E	R	N	A	M	E
		P	R	O	V	I	D	E	R					
E	M	A	I	L	P	R	O	G	R	A	M	M		
		A												
L	Ä	N	D	E	R	K	E	N	N	U	N	G		
		H					E	M	A	I	L			
E	M	A	I	L	A	D	R	E	S	S	E			
		N	D	A	T	E	N	L	E	I	T	U	N	G
		G				P	O	S	T	F	A	C	H	

S. 30:

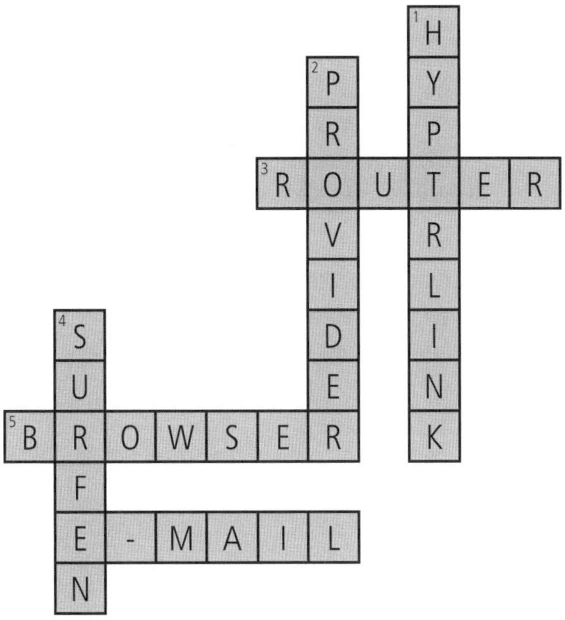

Hinweis

→ Bitte beachten Sie, dass im Heft die E-Mail-Adresse der Autorin angegeben ist. Die Kinder dürfen ihr zur Übung eine E-Mail schicken, aber ausdrücklich nur, wenn Sie es erlauben.

Kapitel 4 – Mit dem Computer schreiben (2)

Ziele

- eine Geschichte am PC schreiben
- die Möglichkeiten von Hypertexten kennenlernen
- Textdokumente mit Hyperlinks versehen

Lösungen

S. 36: (1) Hypertext; (2) normaler Text

Hinweise

→ Nach der ersten Anweisung (Ordner anlegen und benennen) entscheidet sich, wo das Kind weiterarbeitet. Grundlage ist entweder Microsoft Word (S. 32) oder OpenOffice Writer (S. 34).

→ Die im abgebildeten Text vorhandenen Fotos (Kätzchen/Welpe) können von Ihnen unter den schon bekannten Adressen heruntergeladen werden, falls die Kinder sie in ihren Text einbinden möchten.

Kapitel 5 – Mit dem Computer ins Internet (2)

Ziele

- erkennen, dass das Internet Vorteile, aber auch Nachteile hat
- erkennen, dass man nicht alles glauben kann, was man im Internet findet
- erkennen, dass man vorsichtig sein muss
- lernen, wie man sich richtig verhält

Lösungen

S. 38: markierte Textteile: viele Vorteile – auch Gefahren – nicht alles ist gut und richtig – Impressum – Angst – einem Erwachsenen zeigen – darüber sprechen – gib nie deinen Nachnamen, deine Telefonnummer oder deine Adresse bekannt – triff dich nie ohne einen Erwachsenen mit Leuten, die du im Internet kennengelernt hast – Anhänge – Viren
S. 39: individuell, aber wahrscheinlich: nie Nachnamen, Telefonnummer, Adresse bekannt geben und nie ohne Erwachsenen treffen.

S. 39:

Stadt	Internet
Häuser	Homepages
Bewohner	Surfer
Straßen und Hausnummern	Internetadressen
Briefkästen	E-Mail-Postfächer
Zeitungskioske	Foto-Seiten
Spielplätze	Online-Spiele
dunkle Ecken	Schmuddel-Seiten

S. 40: die Seite einem Erwachsenen zeigen ▸ mit einem Erwachsenen sprechen ▸ eine Seite zurückgehen ▸ die Seite schließen
S. 41 oben: Es ist nicht erwiesen, dass es sich wirklich um ein gleichaltriges Mädchen handelt. Vor allem ist es bedenklich, dass die Person Namen, Adresse und ein Foto haben will und sich mit Lisa treffen möchte.
S. 41 Mitte: Man darf als Kind nicht ohne Einwilligung von Lehrern/Eltern an Unbekannte schreiben.

S. 41 Tabelle:

falsch	richtig
woche	Woche
interesant	interessant
komen	kommen
durchwülen	durchwühlen
Fallaub	Falllaub
woer	woher
regen	Regen

Hinweise

- das Gespräch zwischen Lisa und Marie nachspielen und weiterführen lassen
- noch einmal im Klassenverband besprechen, warum man auch der Autorin nicht ohne Erlaubnis eines Erwachsenen schreiben und vor allem auch hier persönliche Daten nicht preisgeben darf
- Kinder bei Gelegenheit auf andere Fehler im Internet aufmerksam machen

Kapitel 6 – Mit dem Computer schreiben (3)

Ziele

- Textteile ausschneiden und an anderer Stelle wieder einfügen
- die Rechtschreibhilfe aufrufen
- Fehler mit der Rechtschreibhilfe korrigieren
- ein Dokument ausdrucken

Lösungen

S. 45: Der Satz „Seine Ohren sind aufmerksam gespitzt." steht anschließend im Text nach „... einen starken Körper.".
S. 45: Wörterrätsel

					M	A	R	K	I	E	R	E	N	
	A	U	S	S	C	H	N	E	I	D	E	N		
R	E	C	H	T	E	M	A	U	S	T	A	S	T	E
E	I	N	F	Ü	G	E	N							

S. 46: berichtigt: Plätzchen, neugierig, Backblech, frisst

S. 50 oben:

				L	E	X	I	K	O	N						
																D
																U
																D
R	E	C	H	T	S	C	H	R	E	I	B	H	I	L	F	E
N	A	C	H	S	C	H	L	A	G	E	W	E	R	K		N
W	Ö	R	T	E	R	B	U	C	H							

S. 50 unten:

		v	e	r	b	e	s	s	e	r	n
ä	n	d	e	r	n						
ü	b	e	r	a	r	b	e	i	t	e	n
k	o	r	r	i	g	i	e	r	e	n	
b	e	r	i	c	h	t	i	g	e	n	
	a	u	s	b	e	s	s	e	r	n	

Hinweise

- Die Textdateien Vito und Plaetzchen_backen können unter den schon bekannten Internetseiten für Microsoft Word und/ oder OpenOffice Writer heruntergeladen werden.
- Wenn Zeit vorhanden ist, können die Kinder zusätzlich an eigenen Texten üben.
- In beiden Programmen gibt es zwei Wege, die Rechtschreibhilfe aufzurufen.
  Da der direkte Weg über die Schaltfläche jedoch nicht zwangsläufig aktiviert ist, wird zunächst vom Weg über das Menüband bzw. die Menüleiste ausgegangen.
- Wichtig ist, dass die berichtigte Datei noch einmal gespeichert wird, damit die Änderungen nicht verloren gehen.

Kapitel 7 – Mit dem Computer präsentieren

Ziele

- eine Bildschirmpräsentation erstellen
- Bilder einfügen
- den Folienübergang einstellen
- Stichwörter animieren

Lösungen

S. 62: Wörterrätsel ohne Füllbuchstaben

		r	e	p	a	r	i	e	r	e	n
d	r	e	s	s	i	e	r	e	n		
p	r	ä	s	e	n	t	i	e	r	e	n
s	o	r	t	i	e	r	e	n			
			a	n	i	m	i	e	r	e	n
				a	d	d	i	e	r	e	n

S. 62: Definitionen zum Wörterrätsel

wieder ganz machen	reparieren
Tieren etwas beibringen	dressieren
vorführen	präsentieren
etwas nach Vorgaben ordnen	sortieren
bewegen	animieren
hinzuzählen	addieren

Hinweise

- Das Programm **Microsoft PowerPoint** ist ein Bestandteil des kostenpflichtigen Microsoft-Office-Pakets. Sie können jedoch ebenso das kostenlose Programm **OpenOffice Impress** für Präsentationen verwenden.
- Die für die Präsentationen notwendigen Bilder können auf den bekannten Seiten heruntergeladen werden.
- Eigene Präsentationen bieten sich z. B. zur Darstellung von Ergebnissen im Sachunterricht an.

Kapitel 8 – Mit dem Computer ins Internet (3)

Ziele

- eine Suchmaschine benutzen
- verschiedene Kindersuchmaschinen kennenlernen
- das Urheberrecht kennenlernen
- das Nutzungsrecht vom Urheberrecht unterscheiden

Lösungen

S. 64: Suchmaschinen und ihre Eingabefelder

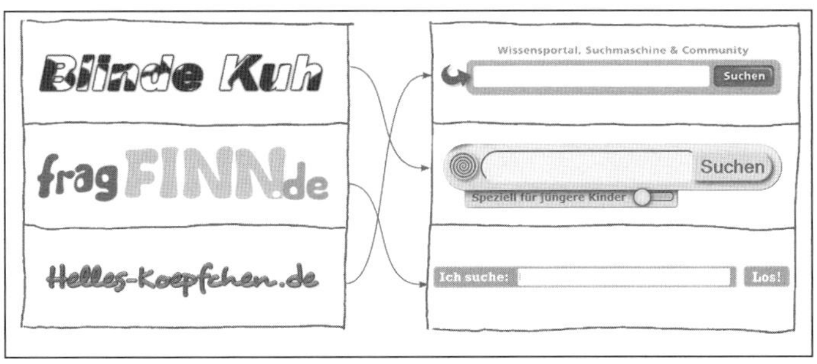

S. 65: ca. 4 440 000 Seiten zum Thema Weltall (variiert)

S. 65: Die jeweils drei ersten vorgeschlagenen Seiten zum Thema Weltall (zurzeit der Heftausgabe):

Blinde Kuh	Deutsches Zentrum für Luft und Raumfahrt - Rosetta
	Astrokids – Astronomie für Kids
	Fotogalerie bei Astronomie.de
fragFINN.de	Willkommen im Weltall
	Das Weltall
	Gefahr im Weltall (25) – CD
Helles-Koepfchen.de	Das Weltall – unendliche Weiten ...
	Üben fürs Weltall
	Fotoshow: 3D-Bilder aus dem Weltall

S. 66: Die Verantwortlichen der Seite **www.blinde-kuh.de** sind zum Zeitpunkt dieser Heftausgabe: Birgit Bachmann und Stefan R. Müller.

S. 66: Bundesministerium für Familie, Senioren, Frauen und Jugend

S. 66: Namen der drei Kindersuchmaschinen

BlindeFINN	Blinde Kuh
Helles-Kuh	Helles-Koepfchen.de
fragKoepfchen.de	fragFINN

S. 67 oben: Urheberrecht, Text, Foto, Nutzungsrecht

S. 67 unten: kennzeichnen, aufschreiben, benutzen

Kapitel 9 – Fachbegriffe

Ziele

- Fachbegriffe kennenlernen
- sich Fachbegriffe spielerisch einprägen

Hinweis

- Die empfohlene Herstellung eines Memo-Spiels aus den Fachbegriffen sowie das Spielen selbst kann z. B. erfolgen, wenn Kinder auf PC-Arbeitsplätze warten müssen. Wenn man das Spiel laminiert, ist es für den weiteren Einsatz haltbar.

Kinder, die dieses Heft erfolgreich durchgearbeitet haben, erhalten den zweiten Teil des Computer-Führerscheins, den sie bunt anmalen dürfen.

PC-Führerschein

Teil 2

für

Er/Sie kann
- Wörter und Texte formatieren
- Bilder einfügen und bearbeiten
- Internetseiten aufrufen
- Hyperlinks erkennen
- auf einer Webseite surfen
- Internetadresse und E-Mail-Adresse unterscheiden
- eine E-Mail schreiben
- Hypertexte erstellen
- Gefahren im Internet erkennen
- sich im Internet richtig verhalten
- eine Bildschirmpräsentation erstellen
- mit Kindersuchmaschinen arbeiten

Schule | Datum | Unterschrift

Kapitel 3

Anleitung und Erklärung (Heft 1)

Kapitel 1 – Das gehört zum Computer

Das Betriebssystem

Sobald der Computer eingeschaltet wird, beginnt das Laden des Betriebssystems. Das bezeichnet man als Hochfahren, Booten oder Starten des Computers.

Das am häufigsten verwendete Betriebssystem, von dem auch in den Schülerheften des PC-Führerscheins ausgegangen wird, ist **Microsoft Windows**.

Was ist ein Betriebssystem?

Das Betriebssystem ist der „Manager" des Computers. Es koordiniert das Zusammenspiel zwischen Hardware (z. B. Drucker, Maus, Tastatur, Monitor) und Software (z. B. Programme, Daten).
Ohne Betriebssystem ist die Nutzung eines Computers nicht möglich.

Die gängigsten Betriebssysteme von Microsoft Windows sind:

- Windows XP
- Windows 7
- Windows 8
- Windows 10

Die Handhabung ist zwischen den einzelnen Betriebssystemen ähnlich. Nur Windows 8 unterscheidet sich mit der „Kachel-Anwendung". Sie können aber auf folgende Weise zum Windows-7-Startmenü umschalten: 1) Windows-Taste und R-Taste drücken; 2) „regedit" eingeben; 3) Yes/OK; 4) Verzeichnis: HKEY_CURRENT_USER/Software/Microsoft/Windows/CurrentVersion/Explorer; 5) Doppelklicken auf RPEnable; 6) von 1 auf 0 ändern; 7) OK.
Das Windows-7-Startmenü ist nun für Windows 8 verfügbar.

Windows zeichnet sich durch eine **grafische Benutzeroberfläche** aus. Das bedeutet, dass die Befehle über eine Maus und Symbole auf dem Bildschirm (Icons, Fenster und Schaltflächen) ausgeführt werden können. Zu dieser Benutzeroberfläche sagt man bei Windows **Desktop**.

- Die Darstellung der Benutzeroberfläche kann sich in den verschiedenen Betriebssystemen wie auch durch persönliche Einstellungen unterscheiden. Sofern sich auch Unterschiede in der Anwendung ergeben, werden diese im Folgenden beschrieben.

Die Tastatur

Was ist eine Tastenkombination?

Bei einer Tastenkombination drücken Sie mehrere Tasten gleichzeitig und erzeugen damit bestimmte Funktionen oder Zeichen.

Beispiele:

Drücken Sie nur diese Taste, erzeugen Sie die **Zahl 7**.

Drücken Sie gleichzeitig die **Umschalttaste (Shift-Taste)**, erzeugen Sie das Zeichen über der Zahl: **den Schrägstrich /**. Bei Buchstaben erzeugen Sie so die **Großbuchstaben**.

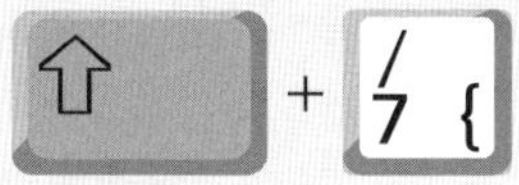

Manche Tasten haben eine Drittbelegung. Um diese Zeichen zu erzeugen – in diesem Falle eine **geschwungene Klammer {** – drücken Sie zusätzlich die Taste **Alt Gr** (auch Alt Graph, engl. alternate graphic = alternativer Schriftsatz).

Auch die Taste **Strg (Steuerung)** wird häufig kombiniert.

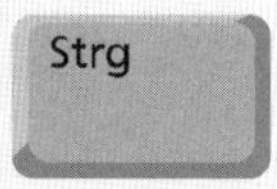

Strg + S wird zum Speichern eines Dokuments verwendet.

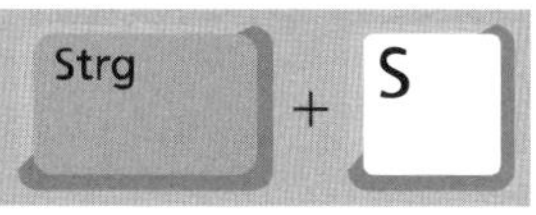

→ Weitere Tastenkombinationen mit **Strg** finden Sie auf Seite 60 f. in diesem Lehrerheft (Anleitung und Erklärung Heft 2 – zu Kapitel 1).

Kapitel 2 – Mit dem Computer malen

Microsoft Paint

Das Programm Microsoft Paint ist in jeder Version von Microsoft Windows kostenlos enthalten. Mit ihm kann man anhand der Maus und verschiedener vorgegebener Werkzeuge Linien, Rechtecke, Kreise oder Ellipsen erzeugen, einfärben und ausfüllen oder freie Formen mit Pinsel, Stift oder Sprühdose malen.

1. Unterschiede der verschiedenen Betriebssysteme

Das Programm heißt erst seit dem Betriebssystem Windows 95 **Paint**. Davor hieß es **Paintbrush**, unterschied sich aber nur unwesentlich von dem hier beschriebenen Paint. Unterschiede in den heute gängigen Betriebssystemen finden sich jedoch in der Einstellung der Strichstärke.

1. Hier finden Sie verschiedene Formen zum Einfügen.

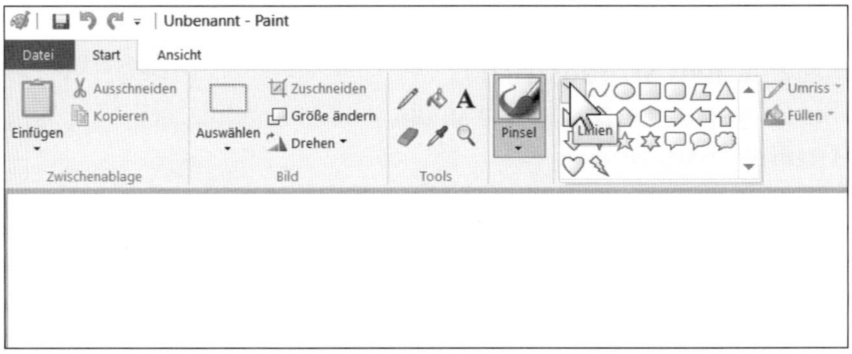

2. Strichstärke und -farbe können Sie schnell ändern.

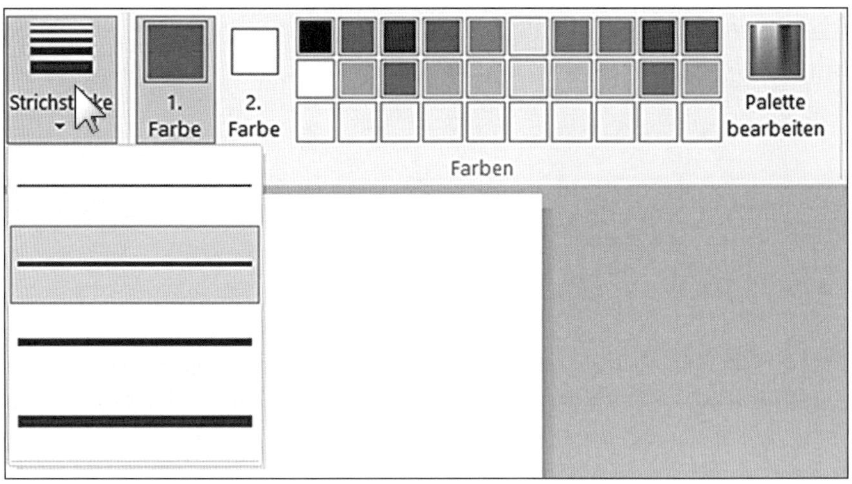

3. Verschiedene Werkzeuge stehen Ihnen zur Verfügung. Unter „Airbrush“ finden Sie die „Sprühdosen-Funktion“.

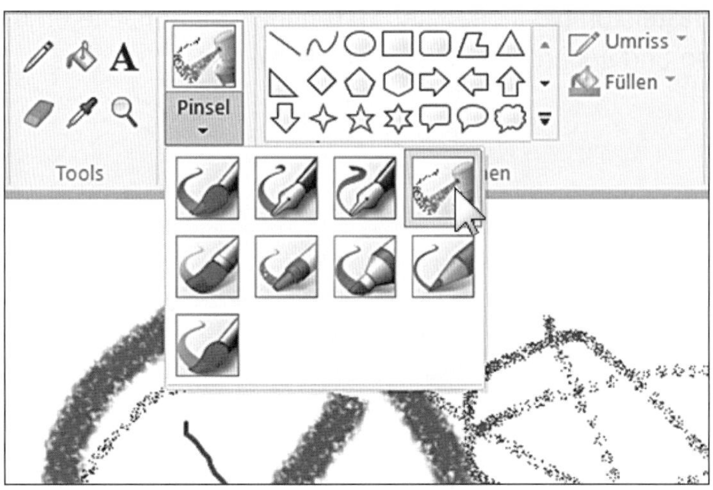

2. Das Programm starten

a. Über die die Windows-Schaltfläche

Um ein Programm wie z. B. Paint zu starten, gibt es mehrere Möglichkeiten. Eine davon ist über die **Windows-Schaltfläche**. Dieses befindet sich am unteren linken Bildschirmrand Ihres Monitors.

1. Klicken Sie auf die **Windows-Schaltfläche**, um das Startmenü zu öffnen (hier am Beispiel von Windows 7 und Windows 10).

2. Gehen Sie mit der Maus auf **Alle Programme**. In der daraufhin erscheinenden Liste finden Sie alle auf Ihrem Computer befindlichen Programme.
3. Paint finden Sie in einer weiteren Unterkategorie unter **Zubehör**. Bei Windows 10 heißen Programme **Apps**. Paint finden Sie nach einem Klick auf **Alle Apps** unter **Windows-Zubehör**.

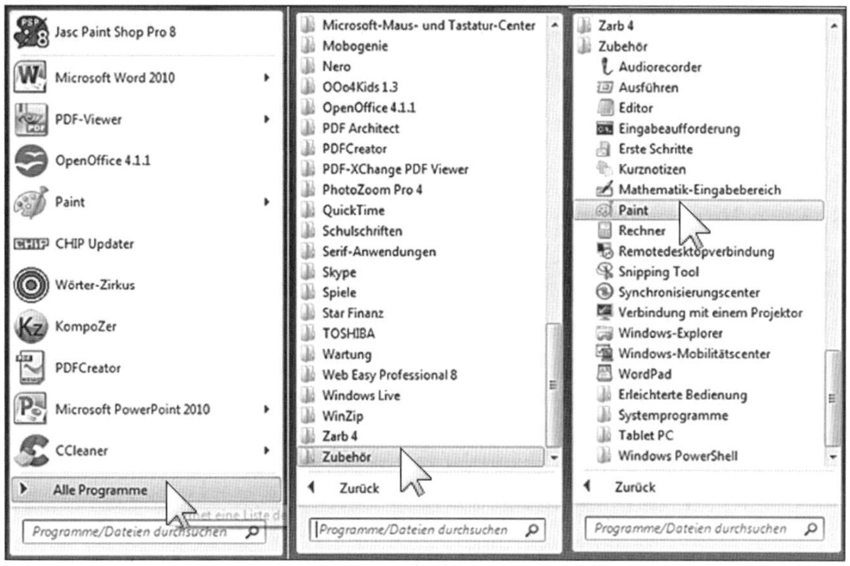

Tipp: Wenn Sie nicht alle unterrichtsrelevanten Programme auf jedem Schülerdesktop verknüpfen möchten, sollten die Kinder diesen Ablauf des Startens über die Windows-Schaltfläche beherrschen.

b. Über eine Verknüpfung

Sie können ein Programm wie Paint auch direkt vom Desktop starten. Dazu müssen Sie zuvor eine Verknüpfung des Programms auf dem Desktop anlegen. Man erkennt Verknüpfungen an einem kleinen Pfeil in der linken unteren Ecke eines Symbols:

Was ist eine Verknüpfung?

(Datei-)Verknüpfungen sind Programme, Ordner oder Dateien, die bereits an einer anderen Stelle auf Ihrem Computer zu finden sind. Mittels der Verknüpfung können Sie auf ein und dieselbe Datei von vielen Stellen aus zugreifen.

Tipp: Die Arbeit mit verschiedenen Programmen wird durch Verknüpfungen auf dem Desktop einfacher. Die Schülerinnen und Schüler können die Programme auf diese Weise einfach per Doppelklick vom Desktop aus starten. Es wird daher empfohlen, wie in den Schülerheften vorgesehen, Verknüpfungen für die verschiedenen Programme auf dem Desktop zu erstellen.

3. Eine Verknüpfung erstellen

Im Schülerheft des PC-Führerscheins Heft 1 wird davon ausgegangen, dass **Paint** als Verknüpfung auf dem Desktop angelegt wird.

a. Eine Verknüpfung an einer bestimmten Stelle (z. B. dem Desktop) erstellen

1. Klicken Sie sich wiederum zu **Paint** durch. Starten Sie es jedoch nicht, sondern platzieren Sie nur den Mauszeiger auf dem **Programmsymbol**.

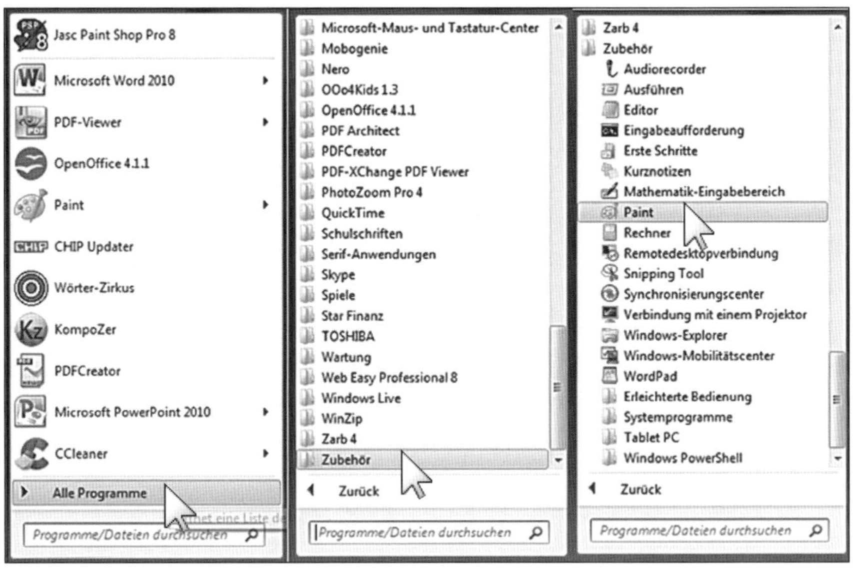

2. Klicken Sie nun mit der **rechten Maustaste** auf **Paint**.

   Ein weiteres Menüfenster öffnet sich.

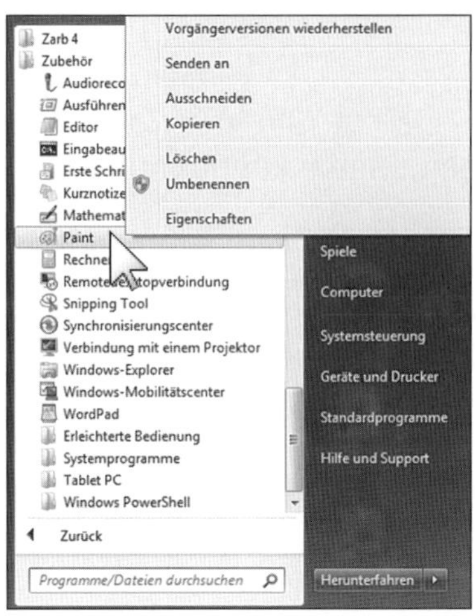

3. Klicken Sie auf **Kopieren** …

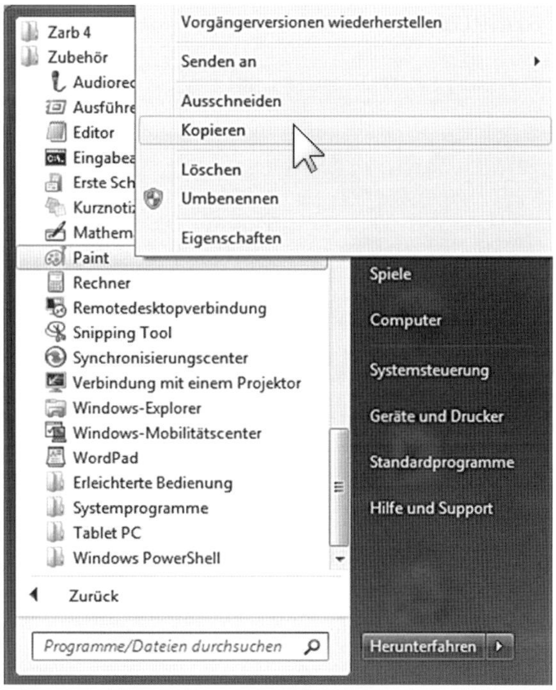

4. … und anschließend mit der **rechten Maustaste** an die Stelle, wo die Verknüpfung erscheinen soll.
   Hier: auf dem Desktop.

5. Wählen Sie diesmal **Einfügen**.

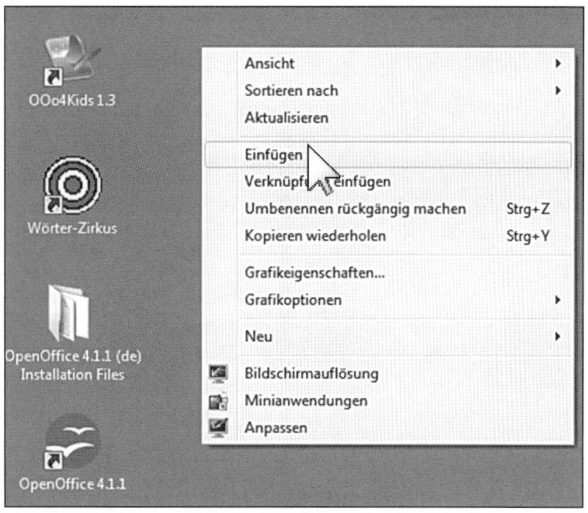

Die **Verknüpfung** von Paint wurde auf dem Desktop erstellt. Mit **gedrückter linker Maustaste** können Sie nun die Verknüpfung dorthin bewegen, wo Sie sie haben möchten.

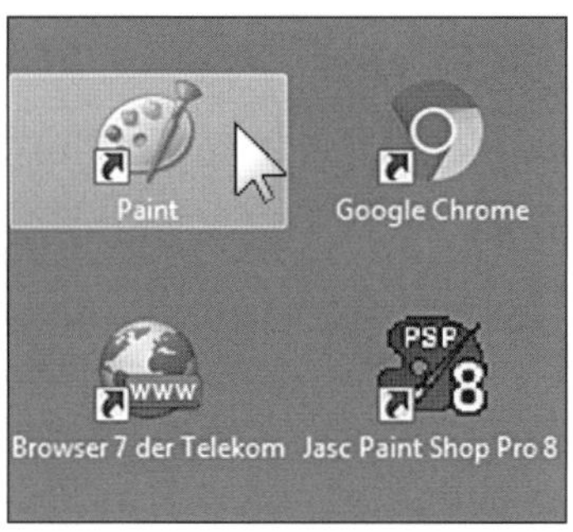

b. Eine Verknüpfung anheften

1. Bewegen Sie, wie zuvor, den Mauszeiger auf das **Programmsymbol** von Paint. Starten Sie das Programm jedoch nicht!

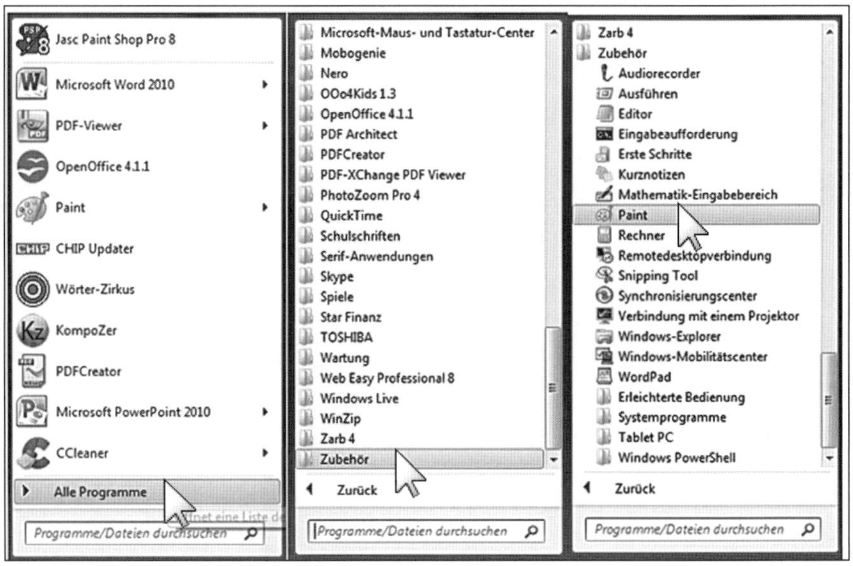

2. Klicken Sie stattdessen mit der **rechten Maustaste** auf Paint, sodass sich ein weiteres Menüfenster öffnet.

3. Sie können hier jetzt das Symbol eines Programms direkt an bzw. auf die **Taskleiste** platzieren (anheften). Ebenfalls können Sie über den gleichen Weg ein Programm direkt an bzw. in das **Startmenü** anheften.

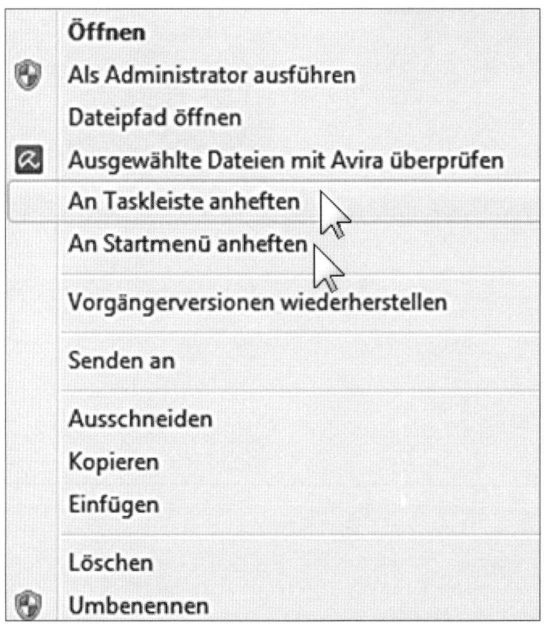

4. Die Verknüpfung befindet sich nun in der **Taskleiste**. Mit einem **einfachen Klick** starten Sie das Programm.

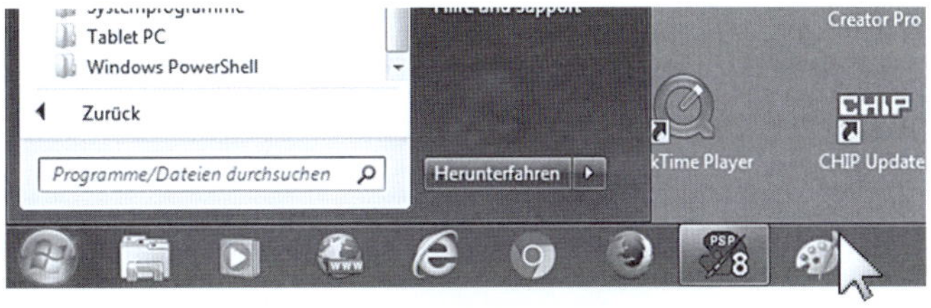

5. Wenn Sie bei Punkt 3 **An Startmenü anheften** gewählt haben, befindet die Verknüpfung nun im **Startmenü**. Auch hier genügt ein **einfacher Klick**, um das Programm zu starten.

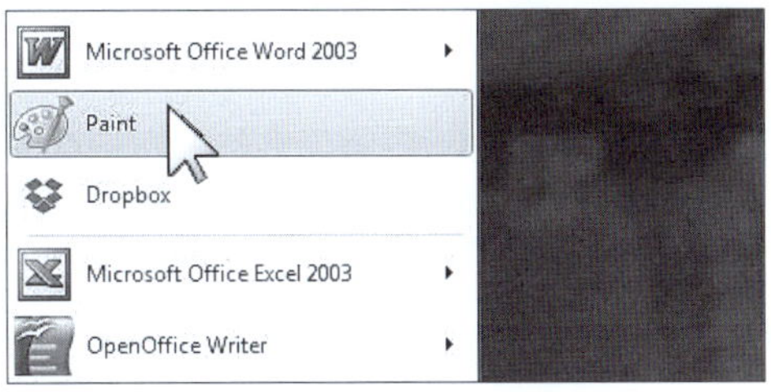

6. Gleichgültig, welchen Weg Sie wählen: Ein Programmstart über eine **Verknüpfung** geht immer schneller als über **Alle Programme**. Daher lohnt sich der Aufwand für die Erstellung einer Verknüpfung auf jeden Fall!

→ Auf diese Weise können Sie Verknüpfungen auch für alle anderen Programme, wie z. B. Word, OpenOffice Writer, PowerPoint, Microsoft Edge, Mozilla Firefox etc. erstellen.

4. Mit Paint arbeiten

a. Speichern in Paint

→ Der Speichervorgang funktioniert bei Paint auf die gleiche Weise wie in den Textverarbeitungsprogrammen. Es wird daher auf das Schülerheft 1, Kapitel 6, Seite 47 f. verwiesen.

Mit Paint können jedoch nur bestimmte **Formate** geöffnet und abgespeichert werden.
Sie finden diese Formatbezeichnungen immer am Ende eines Dateinamens, z. B. bild**.jpg** oder bild**.tif**.

Folgende Dateiformate sind für Paint geeignet:
- **BMP** (Bitmap = zweidimensionales Rastergrafikformat)
- **JPG** (auch JPEG = häufig verwendetes Komprimierungsformat)
- **TIFF** (= komplexes Format, häufig zum Austausch von Daten in der Druckvorstufe)
- **PNG** (= weiteres Grafikformat, weniger komplex als das TIFF-Format)
- **GIF** (= Grafikformat zur Komprimierung für Bilder mit geringer Farbtiefe)

b. Drucken mit Paint

- Der Vorgang des Druckens kann anhand des Schülerheftes nachvollzogen werden (Heft 1, Kapitel 2, Seite 20).
- Geben Sie den Kindern bei mehreren installierten Druckern die genaue Bezeichnung des Druckers an, der benutzt werden soll.

Kapitel 3 – Mit dem Computer schreiben (1)

1. Die Textverarbeitungsprogramme

Die Kapitel **Mit dem Computer schreiben** setzen eines der zwei am häufigsten verwendeten Textverarbeitungsprogramme voraus: **Microsoft Word** oder **OpenOffice Writer**.

a. Microsoft Word

Word ist ein Teil des Office-Programmpaketes von Microsoft. Es muss separat erworben werden und ist daher eventuell nicht an allen Schulen lizenziert. Da es jedoch das privat gebräuchlichste Textverarbeitungsprogramm ist, wird in den Schülerheften darauf eingegangen.

Folgende **Word-Versionen** sind gebräuchlich:

- Word 97
- Word 2000
- Word XP
- Word 2003
- Word 2007
- Word 2010
- Word 2013
- Word 2016

Die Unterschiede zwischen Word 2000 und Word 2003 sind nur gering. Funktionen, Befehle und Begriffe können sich eventuell unterscheiden. Größere Unterschiede findet man erst ab der Version 2007.

Innerhalb der alten und neuen Versionen gibt es von der Handhabung her kaum Unterschiede!

Alte Versionen	Word 97	Word 2000	Word XP	Word 2003
Neue Versionen	Word 2007	Word 2010	Word 2013	Word 2016

- Für die Arbeit mit dem PC-Führerschein ist keine spezielle Version von Word erforderlich. Unterschiede beschränken sich in der Regel auf das Erscheinungsbild. Der PC-Führerschein deckt sowohl die älteren als auch die neueren Versionen ab.

b. OpenOffice Writer

Dieses Programm ist eine kostenlose Alternative mit vergleichbaren Funktionen wie Microsoft Word. Soweit sich die Befehle und Vorgehensweisen unterscheiden, wird in den Schülerheften darauf eingegangen.

Herunterladen können Sie sich das OpenOffice-Programmpaket, das die Textverarbeitung Writer enthält, auf der Internetseite **www.pc-fuehrerschein-fuer-kinder.de** (Kasten rechts „Wichtige Hinweise") oder direkt unter **http://www.openoffice.org/de/**.

Installation von OpenOffice

1. Gehen Sie über **www.pc-fuehrerschein-fuer-kinder.de** oder direkt über **http://www.openoffice.org/de/** auf die Download-Seite.

2. Bestätigen Sie mit einem Klick, dass Sie die neueste Version von OpenOffice kostenlos herunterladen möchten.

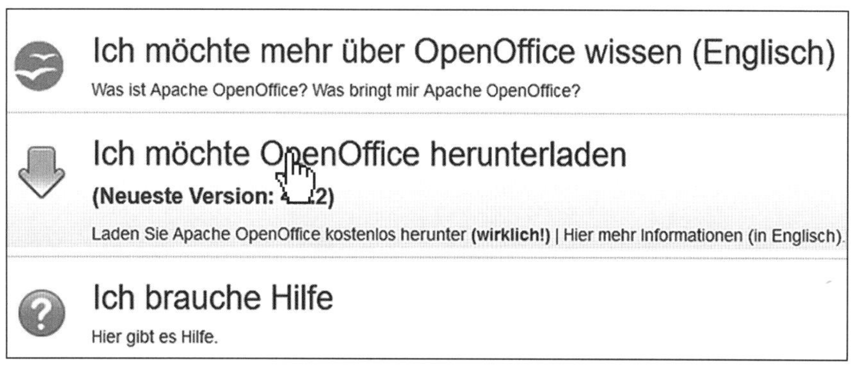

3. Starten Sie den Download.

4. Geben Sie an, dass Sie die Datei speichern möchten. Abhängig davon, welchen **Browser** Sie verwenden, geht der Download ein wenig unterschiedlich vonstatten.

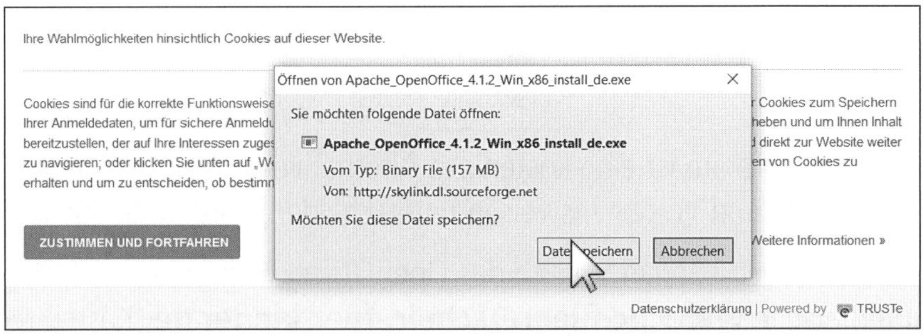

5. Beim Browser **Mozilla Firefox** klicken Sie auf die **Download-Schaltfläche**. Die heruntergeladene Datei wird Ihnen angezeigt.

6. Mit einem Doppelklick auf die Datei starten Sie die Installation.

   Beim **Microsoft Internet Explorer** können Sie die Datei direkt ausführen oder zunächst speichern.

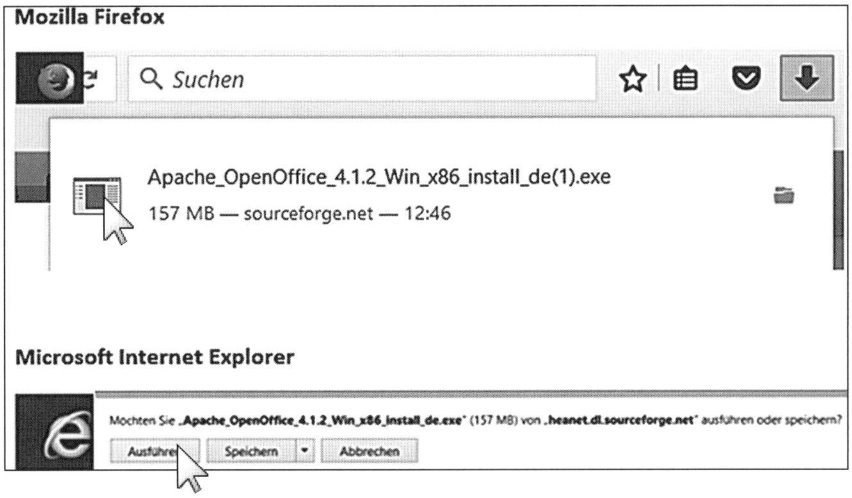

7. Folgen Sie nun der Installationsanleitung.

c. Kompatibel für Microsoft Word abspeichern

Eine mit dem OpenOffice Writer erstellte Datei kann auch so abgespeichert werden, dass sie mit Microsoft Word direkt ohne ein zusätzliches Plug-in geöffnet werden kann. Den genauen Vorgang können Sie auf Seite 8 dieses Heftes oder im Schülerheft 2, Kapitel 1, Seite 11 nachvollziehen.

→ Für die Kinder genügt es allerdings zunächst, wenn sie ihre Datei im eigenen Format des Writers abspeichern.

2. Der Mauszeiger

Der Mauszeiger zeigt Ihnen an, wo Sie sich auf dem Desktop gerade befinden. Sein Aussehen ändert sich entsprechend seiner Position auf dem Monitor.

Kurzübersicht Mauszeiger

Als Pfeil:	auf dem Desktop, im Menüband/in der Menüleiste
Als Cursor:	für die Texteingabe
Als Kreuz:	auf formatierten Bildern
Als Hand:	auf Links

3. Das Word-Menüband

Seit der Version 2007 führen Sie in Word Befehle über das Menüband aus. Die Befehle sind hier gruppenweise auf Registerkarten dargestellt.

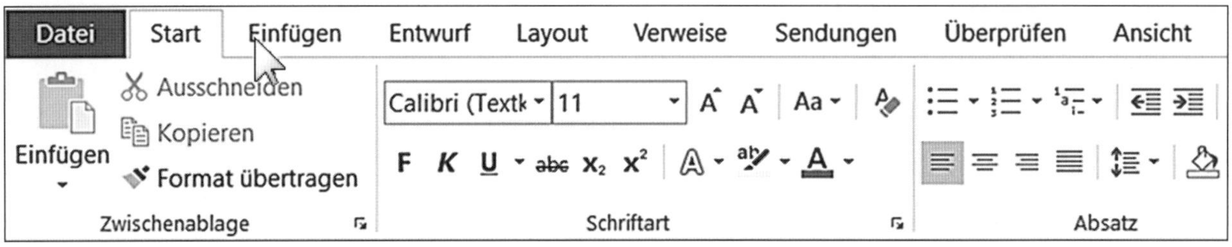

Die Handhabung ist seit Word 2007 ähnlich geblieben. Gelegentlich gibt es neue Befehle, manchmal heißen sie anders. So gibt es in Word 2007 die **Office-Schaltfläche**, diese wurde dann in Word 2010, 2013 und 2016 gegen den Menüpunkt **Datei** ausgetauscht.

Der Menüpunkt Datei

Unter dem Menüpunkt **Datei** können Sie einzelne Befehle wie **Öffnen**, **Speichern** oder **Drucken** ausführen.

Die Symbolleiste für den Schnellzugriff

Oben ist die Symbolleiste für den Schnellzugriff platziert. Hier können Sie Befehle schnell ansteuern. Öffnen Sie die Auswahl, können Sie die dort angebotenen Befehle, also z. B. **Öffnen**, **Speichern** oder **Schnelldruck**, in die Schnellleiste einbinden.

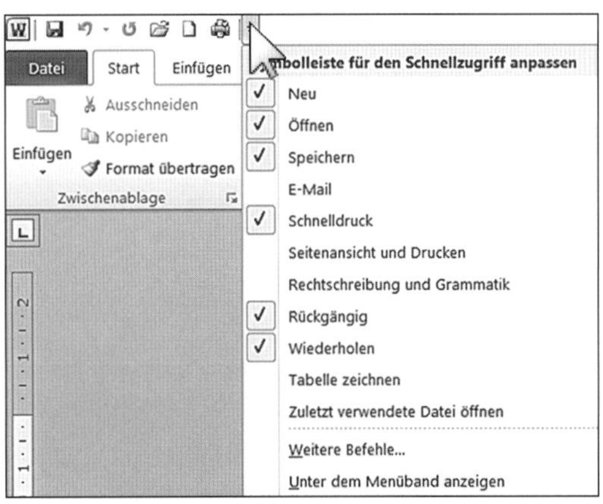

Formatierungen

In der Registerkarte **Start** können Sie Formatierungen wie fett, kursiv oder unterstrichen ausführen.

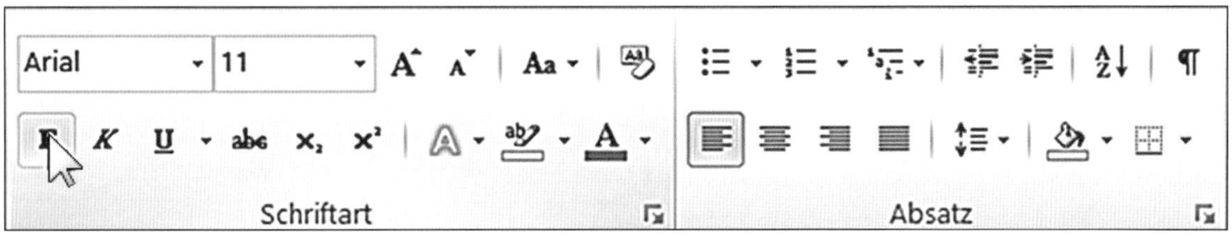

4. Die Fehlerkorrektur

Neben den im Schülerheft 1 (Kapitel 3, Seite 30) beschriebenen Möglichkeiten, Fehler durch die **Löschtaste** oder die **Entfernen-Taste** zu korrigieren, können Sie auch den Überschreibmodus verwenden.

a. Überschreibmodus ein- und ausschalten

1. Klicken Sie mit der rechten Maustaste beliebig auf die Statusleiste und wählen Sie den Befehl **Überschreiben**. Der Überschreibmodus ist aktiviert, wenn ein **Häkchen** vor der Menüzeile steht.

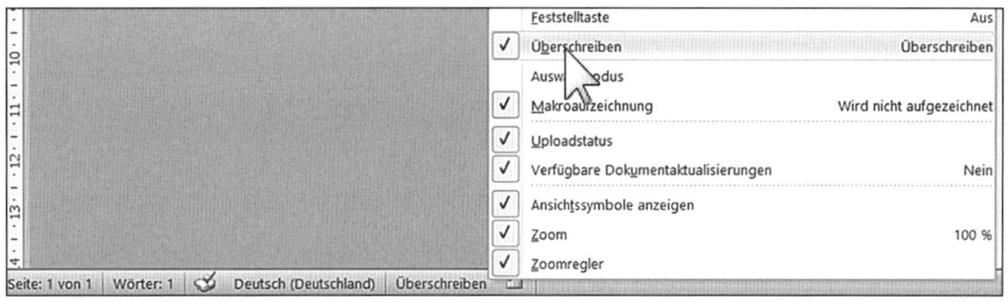

2. Die Schaltfläche wird in der **Statusleiste** angelegt. Mit einem Mausklick können Sie zwischen **Überschreiben** und **Einfügen** wechseln. Das Gleiche erreichen Sie durch das Drücken der **Einfg-Taste** (siehe auch nachfolgender Abschnitt).

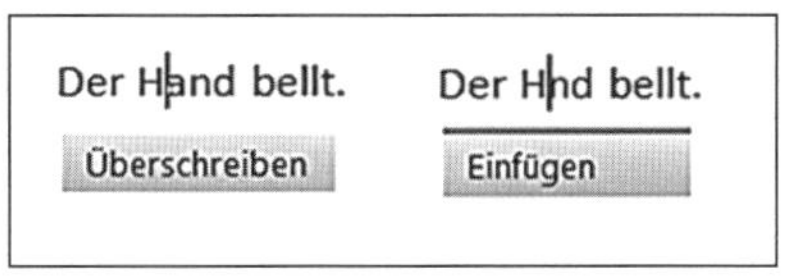

b. Überschreibmodus verwenden

1. Setzen Sie den Cursor vor den falschen Buchstaben.

Der Hund ballt an der Haustür.

2. Schalten Sie wie unter Abschnitt a gezeigt den Überschreibmodus per Mausklick ein oder drücken Sie die **Einfg-Taste**.

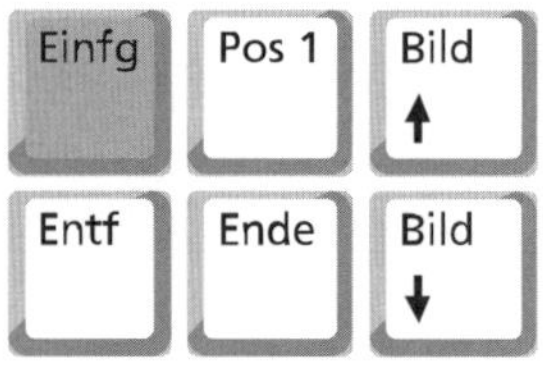

3. Geben Sie den richtigen Buchstaben ein. Der Fehler ist korrigiert.

   Drücken Sie erneut die Einfg-Taste, um den Überschreibmodus zu deaktivieren, oder erledigen Sie das durch einen Mausklick.

Der Hund bellt an der Haustür.

Wichtiger Hinweis: Vergessen Sie nicht, den Überschreibmodus am Ende Ihrer Korrektur durch einen entsprechenden **Mausklick** oder die **Einfg-Taste** wieder zu deaktivieren. Sie überschreiben sonst alle weiteren Buchstaben und Wörter.

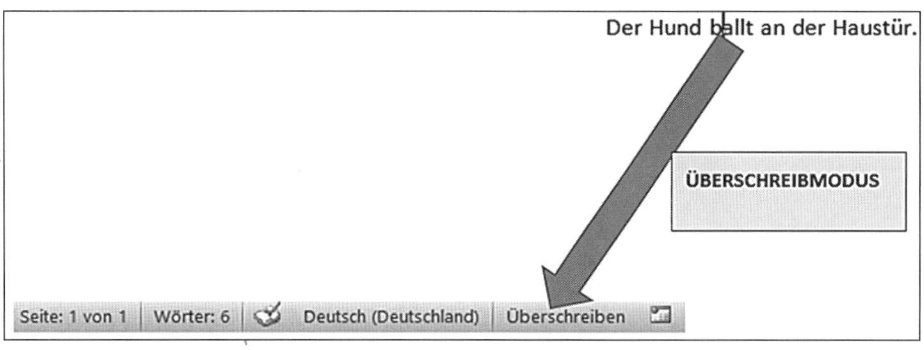

Kapitel 4 – Mit dem Computer spielen (1)

In diesem Kapitel beschäftigen sich die Kinder mit einem Puzzle und einem Memo-Spiel am Computer. Beide Spiele stehen zum kostenlosen Download auf **www.pc-fuehrerschein-fuer-kinder.de** für Sie bereit.

ACHTUNG: Der Vorgang des Downloads kann sich unter Umständen je nach Browser, dessen Einstellung oder Version unterscheiden. Die folgenden Beschreibungen beziehen sich auf die meistgenutzten Browser **Internet Explorer** und **Mozilla Firefox** in der Version bei Erscheinen dieses Heftes. Die Handhabung wird hier einfach, kurz und bündig und für beide Internetbrowser identisch erklärt.

1. Das Puzzle Vito

Download Puzzle Vito

1. Geben Sie die Adresse **www.pc-fuehrerschein-fuer-kinder.de** ein. Sobald Sie sie abgeschickt haben, werden Sie auf die rechts abgebildete Seite beim Mildenberger Verlag umgeleitet.

2. Klicken Sie mit der rechten Maustaste auf **Puzzle_Vito.exe** und wählen Sie im Menü den Eintrag Ziel **speichern unter….**

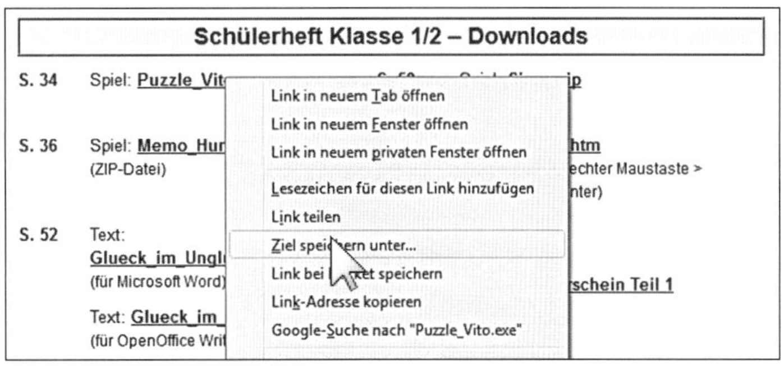

3. Geben Sie als Speicherort den **Desktop** an. So können Sie das Programm später direkt von dort aus starten.

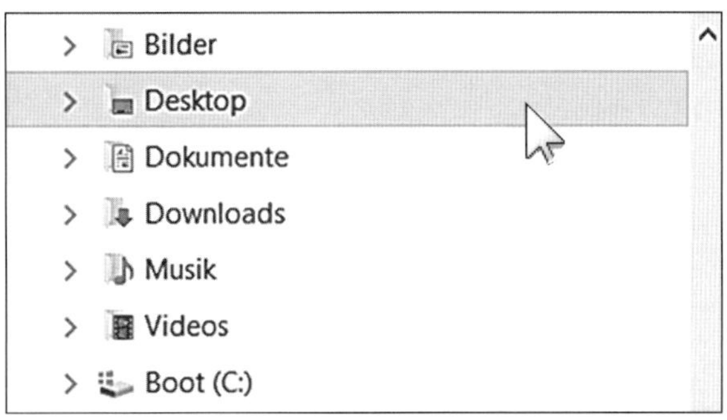

4. Speichern Sie!

   Hier wurde mit dem Browser **Mozilla Firefox** und **Windows 10** gearbeitet. Abhängig davon, welchen Browser und welche Versionen Sie verwenden, weichen die Darstellungen ein wenig ab. Der Weg ist aber der gleiche.

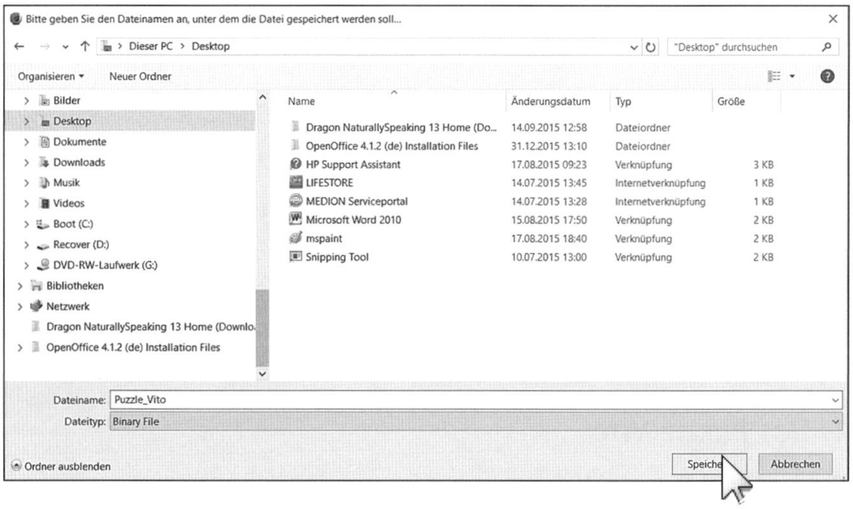

2. Das Memo-Spiel Hunde

Da das **Memo-Spiel** viele Daten beinhaltet, wurde es **gezippt**, d. h. komprimiert. Das spart bei der **Datenübertragung** aus dem Internet viel Zeit.

Um diese Daten wieder zu „entpacken", benötigen Sie eine sogenannte **ZIP-Software**. Ein solches Programm können Sie auf **www.pc-fuehrerschein-fuer-kinder.de** ebenfalls **kostenlos** herunterladen.

a. Download der Software 7-ZIP

1. Gehen Sie auf **www.pc-fuehrerschein-fuer-kinder.de** und klicken Sie auf den Link im Textblock **Zip-Datei** (grauer Kasten rechts). Die Wege sind abhängig vom Browser – hier **Internet Explorer** und **Mozilla Firefox** – unterschiedlich. Daher wird hier ein Weg gezeigt, der für beide identisch ist.

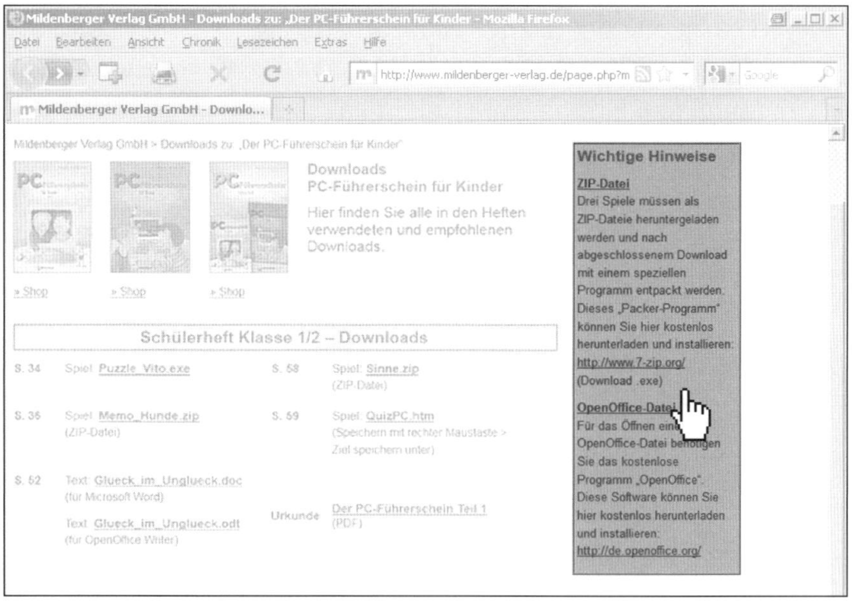

2. Es öffnet sich eine Webseite. Klicken Sie unter **Link** mit der rechten Maustaste auf **Download**. Wählen Sie im erscheinenden Kontextmenü den Befehl **Ziel speichern unter…**.

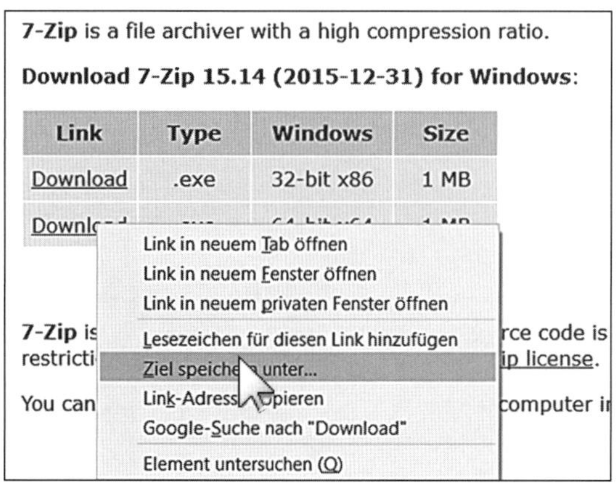

3. Wählen Sie als Speicherort den **Desktop**. So können Sie später das Programm von dort aus sofort starten.

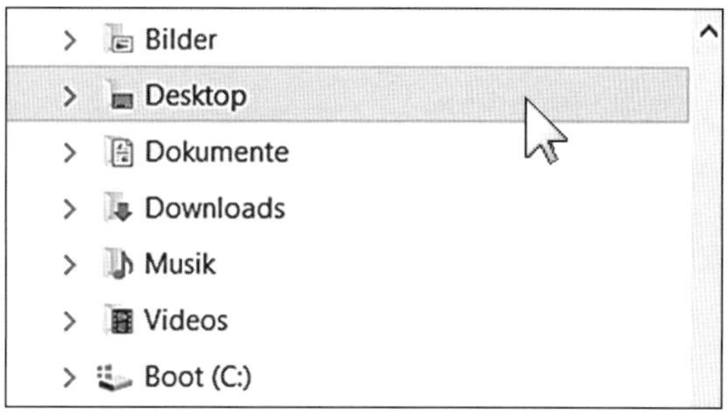

4. Sie können hier auch den Dateinamen ändern. Speichern Sie über die Schaltfläche **Speichern**.

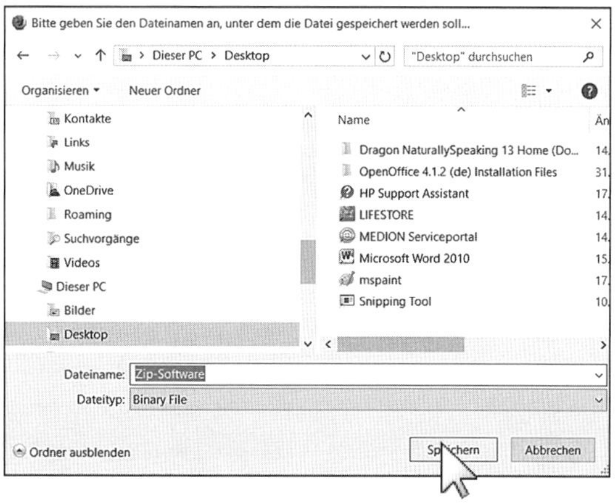

5. Das Programm muss noch installiert werden. Doppelklicken Sie auf die Datei (die Sie zuvor auf dem Desktop angelegt haben) und starten Sie die **Installation**.

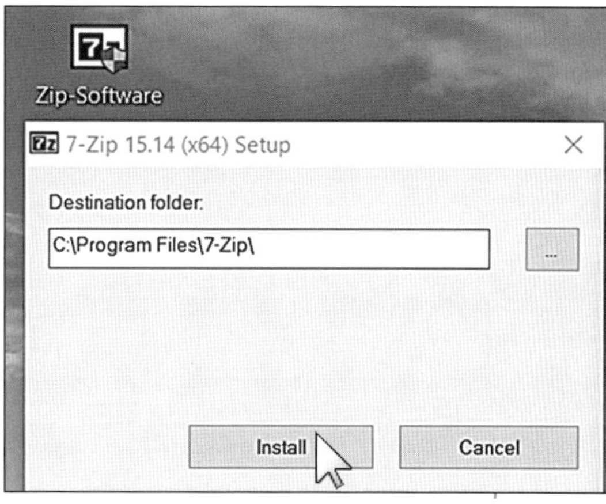

6. Nach Beendigung der Installation kann das Programm gestartet werden. Sie finden es nach einem Klick auf die **Windows-Schaltfläche** unter **Alle Programme** (bei Windows 10: **Alle Apps**).

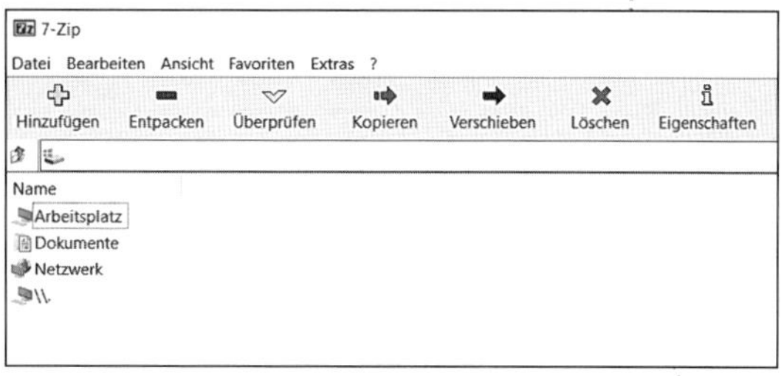

7. Die Installationssoftware kann gelöscht werden. Sie wird nicht mehr benötigt. Klicken Sie das Installationsprogramm an und drücken Sie die **Entf-Taste** auf der Tastatur. Bestätigen Sie die Abfrage, wird das Programm in den Papierkorb verschoben.

b. Memo-Spiel Hunde entpacken und speichern

Um das Spiel mit 7-ZIP zu entpacken und auf Ihrem Desktop zu speichern, gehen Sie bitte wie folgt vor:

1. Gehen Sie auf **www.pc-fuehrerschein-fuer-kinder.de** und klicken Sie auf **Memo_Hunde.zip**.

2a. **Für den Internet Explorer:**

Klicken Sie im nächsten Fenster auf **Öffnen**.

2b. **Für Mozilla Firefox:**

Geben Sie **Öffnen mit 7-Zip File Manager** an und klicken Sie auf **OK**.

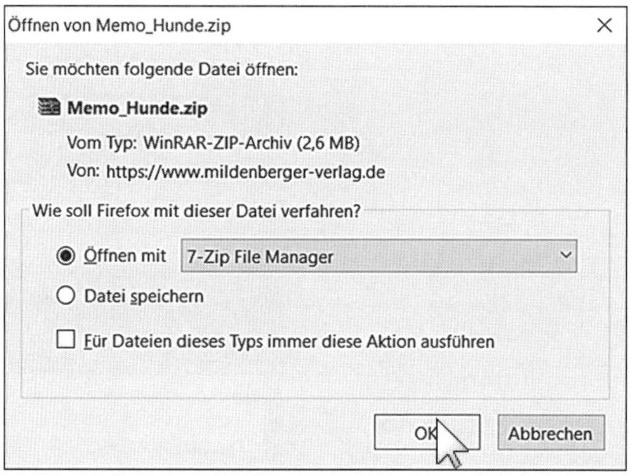

Im darauf folgenden Fenster des Programms 7-ZIP befindet sich der Ordner **START_MEMO_HUNDE.htm**.

3. Klicken Sie auf **Entpacken**.

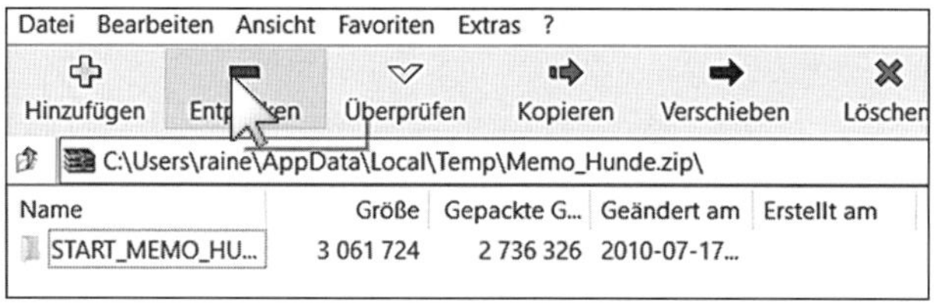

4. Klicken Sie im nächsten Fenster rechts auf das graue Kästchen mit den drei Pünktchen.

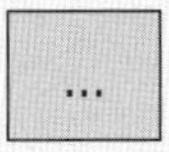

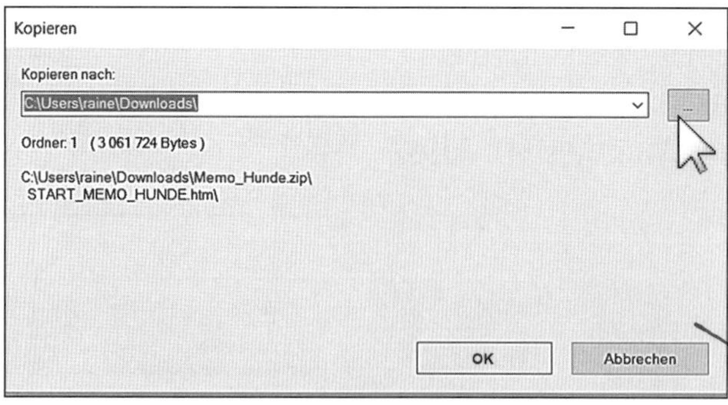

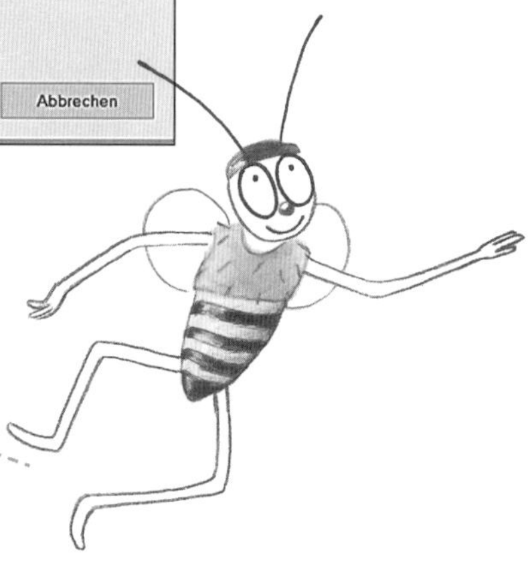

5. Im folgenden Fenster wählen Sie **Desktop** und bestätigen mit **OK.**

   Klicken Sie anschließend nochmals auf **OK**.

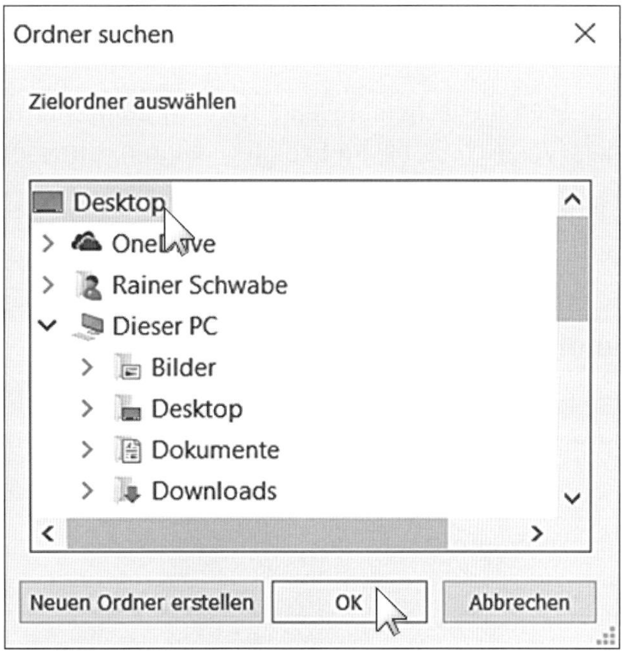

6. Der Ordner **START_MEMO_HUNDE.htm** befindet sich nun auf dem Desktop.

7. Mit einem Doppelklick auf diesen und den darin ersten Eintrag namens **1_START_MEMO_HUNDE.htm** starten Sie die Anwendung.

   Um auf den Desktops der Schüler eine Verknüpfung zur Startdatei zu erstellen, befolgen Sie bitte analog die Anleitungen auf Seite 22 ff. und Seite 41.

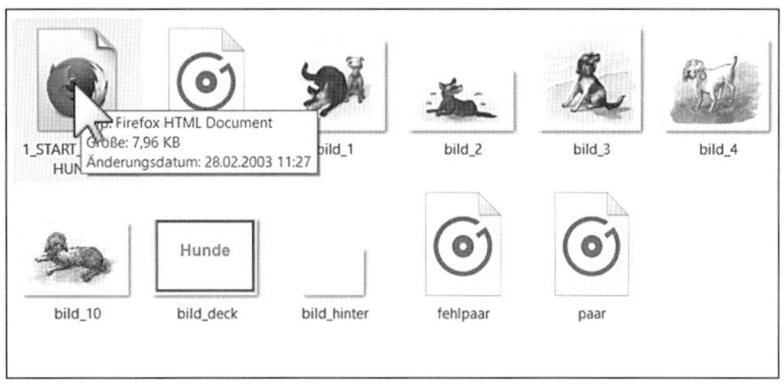

8. Das Memo-Spiel kann beginnen.

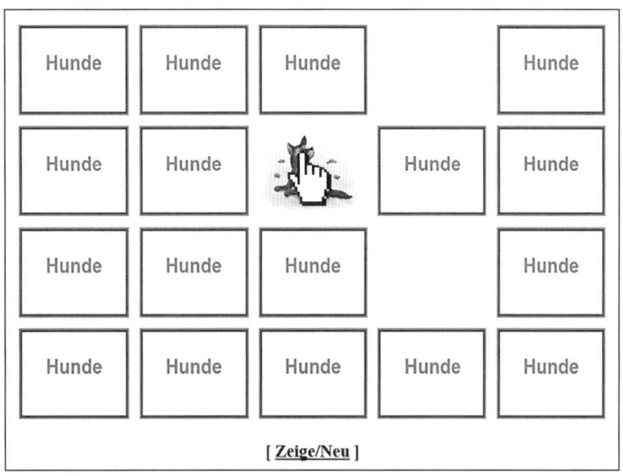

Kapitel 5 – Einen Ordner anlegen

Ordner können Sie an allen möglichen Stellen auf Ihrem Computer anlegen: direkt auf dem Desktop, innerhalb eines anderen Ordners/Verzeichnisses, im Explorer, in Ihrem Browser, auf Laufwerken etc.

⇢ Wie ein Ordner angelegt wird, können Sie anhand des Schülerheftes 1 nachvollziehen (Kapitel 5, Seite 40 f.). An dieser Stelle erhalten Sie Hinweise für den weiteren Umgang mit Ordnern.

1. Einen Ordner umbenennen

Im Schülerheft wurde bereits erklärt, wie man einem Ordner über den Befehl Umbenennen einen anderen Namen geben kann. Hier erfahren Sie nun eine weitere Vorgehensweise.

1. Klicken Sie einmal kurz auf den **Ordner**, sodass er markiert ist, sich aber nicht öffnet.

2. Klicken Sie nun in den **Schriftzug** des Ordners (wieder kein Doppelklick). Nun ist nur noch der Schriftzug markiert.

3. Sie können nun mit der **Tastatur** einen Namen eingeben.

4. Mit der **Eingabetaste** oder einem **Klick** neben den Ordner bestätigen Sie den neuen Namen.

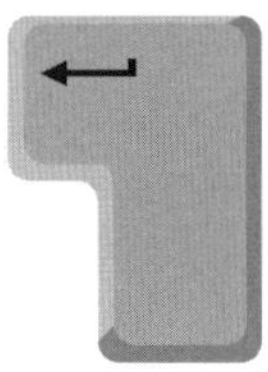

=

2. Einen Ordner verschieben

Ordner können jederzeit an alle möglichen „Orte" auf dem Computer verschoben werden.

1. Klicken Sie mit der **rechten Maustaste** auf den Ordner, den Sie verschieben möchten, und wählen Sie den Befehl **Ausschneiden**. Die Datei befindet sich nun in einem Zwischenspeicher.

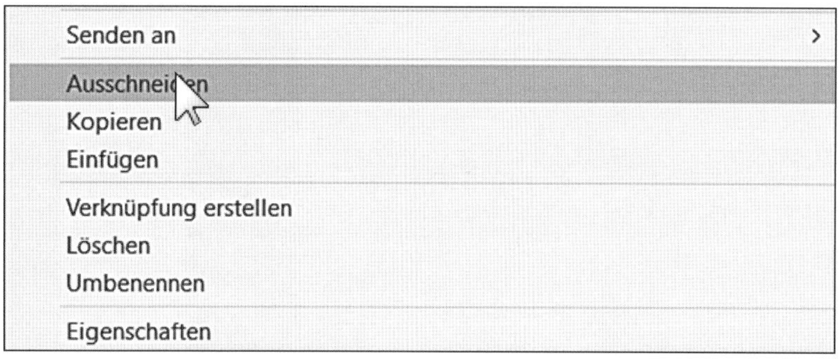

2. Klicken Sie nun wieder mit der **rechten Maustaste** auf den Ordner oder an die Stelle, in den bzw. an die Sie den Ausgangsordner verschieben möchten.
3. Wählen Sie **Einfügen**.

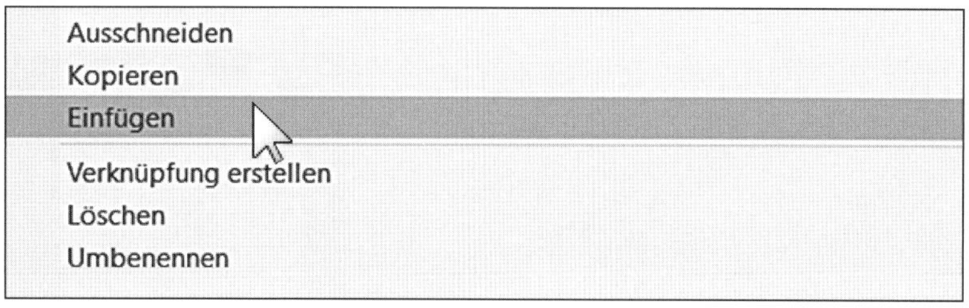

Sie haben den Ordner an die entsprechende Stelle verschoben (hier: in den Ordner Tiergeschichten).

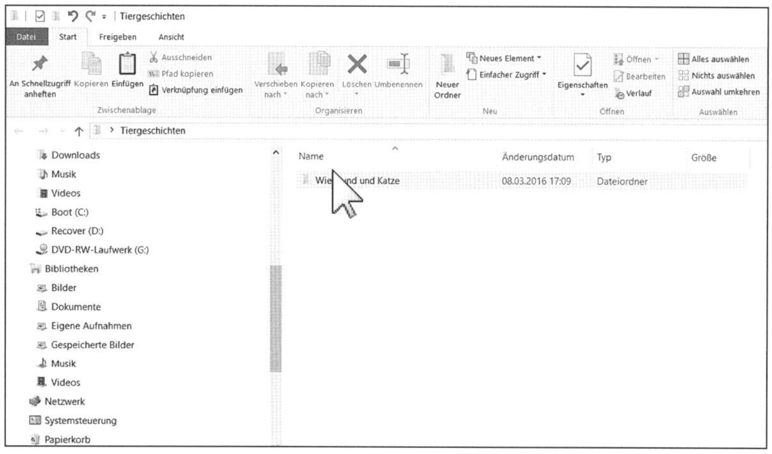

3. Einen Ordner kopieren

1. Klicken Sie mit der **rechten Maustaste** auf den Ordner, den Sie kopieren möchten, und wählen Sie **Kopieren**.

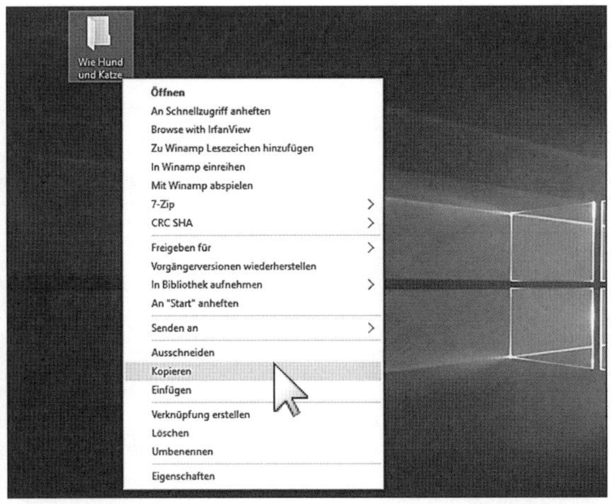

2. Klicken Sie nun wieder mit der **rechten Maustaste** auf den Ordner oder an die Stelle, in den bzw. an die Sie den Ausgangsordner kopieren möchten.
3. Wählen Sie **Einfügen**.

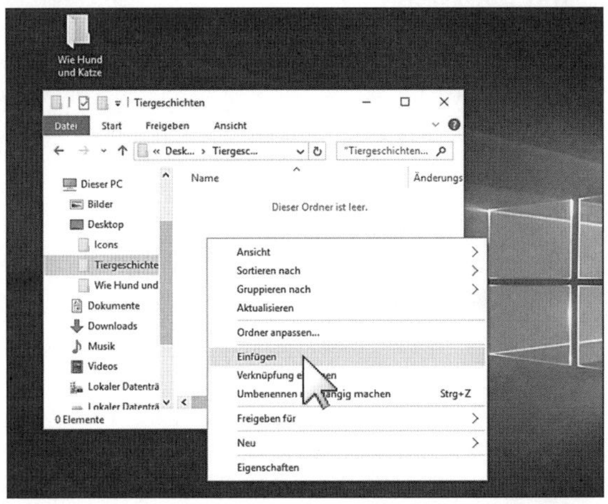

Sie haben den Ordner an die entsprechende Stelle kopiert. Er ist nun zweimal vorhanden.

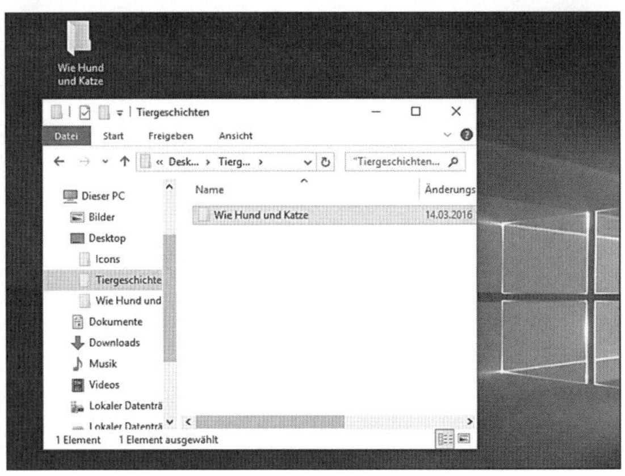

Geübte Mausanwender können mit **gedrückter linker Maustaste** verschieben. Möchten Sie kopieren, halten Sie zusätzlich die **Strg-Taste** (oder auch **Ctrl-Taste**) gedrückt und verschieben Sie. Haben Sie den Zielort erreicht, lassen Sie erst die Maustaste und dann die Strg-Taste los.

Achtung! Die Kopie ist vom Originalordner unabhängig.
Anders als bei einer Verknüpfung finden sich Änderungen, die Sie in einem der Ordner vornehmen, nicht in der Kopie dieses Ordners wieder!

4. Einen Ordner verknüpfen

Wenn Sie einen Ordner an verschiedenen Stellen Ihres Computers haben möchten und diese immer auf dem gleichen Stand sein sollen, empfiehlt sich eine Verknüpfung. Änderungen, die Sie in einem dieser Ordner vornehmen, finden sich dann in allen verknüpften Ordnern wieder.

1. Klicken Sie mit der **rechten Maustaste** auf den Ordner, für den Sie eine Verknüpfung erstellen möchten, und wählen sie **Verknüpfung erstellen**.

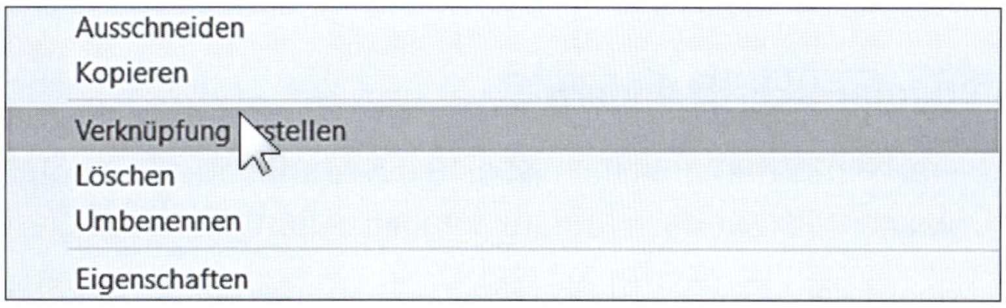

2. Sie müssen **keinen Zielort angeben**. Die Verknüpfung entsteht automatisch an dem Ort, an dem sich auch der Ausgangsordner befindet.

   Sie erkennen sie an der Bezeichnung **... – Verknüpfung** und dem kleinen Pfeil auf dem Symbol.

Diese Verknüpfung können Sie nun beliebig verschieben, z. B. indem Sie das Symbol mit **gedrückter linker Maustaste** in oder aus einem Ordner/ Verzeichnis an die gewünschte Stelle ziehen.

→ Die Funktionen Verschieben, Kopieren und Verknüpfen sind gleichermaßen auch auf andere Dateien, wie z. B. Textdokumente oder Bilder, anwendbar.

Kapitel 6 – Mit dem Computer schreiben (2)

1. Schriftart und Schriftgrad

⇢ Schriftart und Schriftgrad (= Schriftgröße) lassen sich sehr einfach ändern. Der Vorgang kann anhand des Schülerheftes 1 nachvollzogen werden (Kapitel 6, Seite 44 f.).

2. Die Standardschrift ändern

Bei Textverarbeitungsprogrammen ist eine bestimmte Schrift als Standardschrift voreingestellt. Beim Öffnen eines neuen Dokuments greift das Programm immer automatisch auf diese zurück. Das können Sie ändern.

⇢ Das Ändern der Standardschrift bietet sich an, um den Kindern eine besser lesbare Schrift vorzugeben. Es bieten sich folgende Schriftart und -größen an:

Heft 1:	Arial in Schriftgrad 14	Beispiel
Heft 2:	Arial in Schriftgrad 12/13	Beispiel/Beispiel

Microsoft Word

1. Starten Sie in der Registerkarte **Start** das Dialogfeld **Schriftart**.

2. Geben Sie die gewünschte Schriftart und -größe an und klicken Sie auf die Schaltfläche **Als Standard festlegen**.

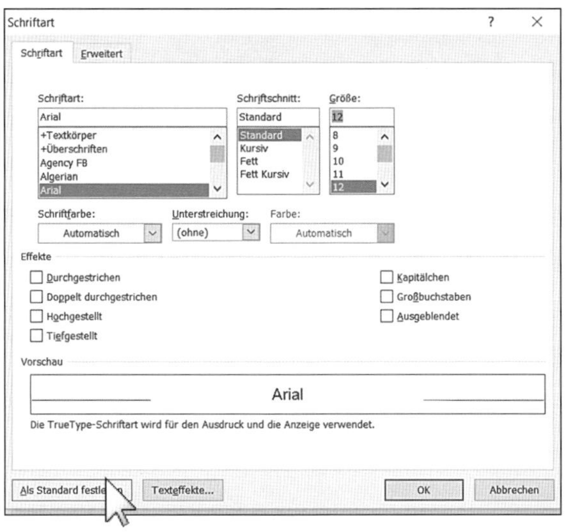

3. Geben Sie noch an, dass die Standardschrift für alle neuen Dokumente angewendet werden soll, und bestätigen Sie mit **OK**.

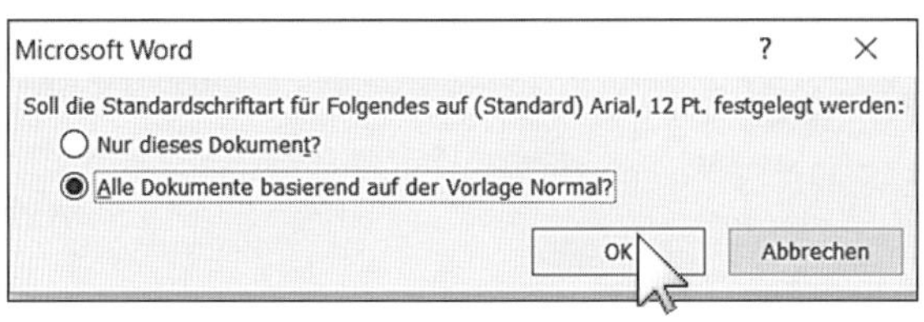

OpenOffice Writer

1. Klicken Sie in der Menüleiste auf **Extras ▸ Einstellungen....**

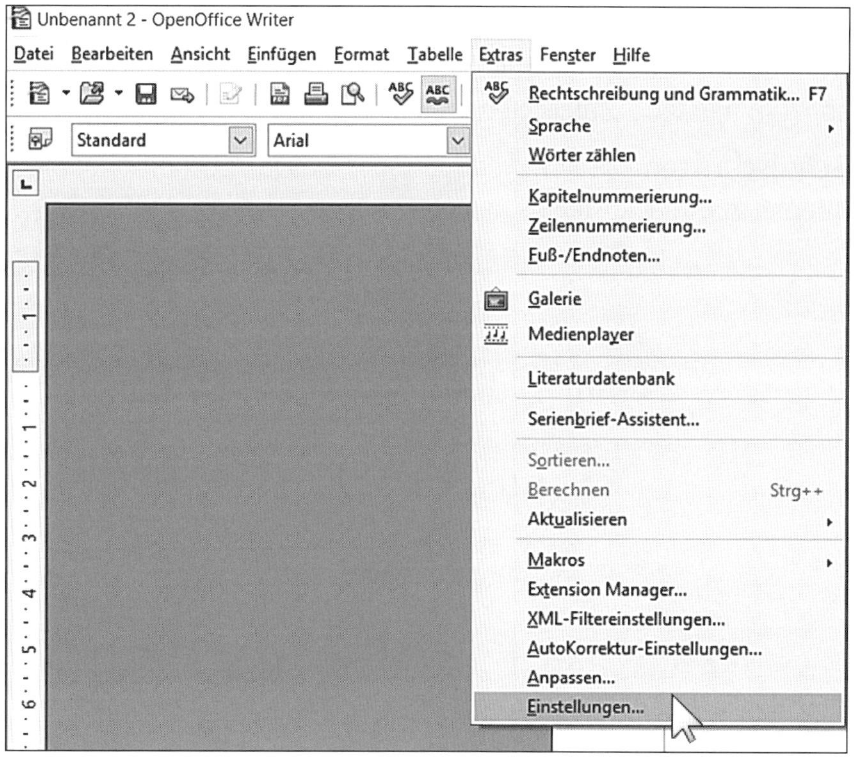

2. Wählen Sie **OpenOffice Writer** und darunter **Grundschriften (westlich)**.

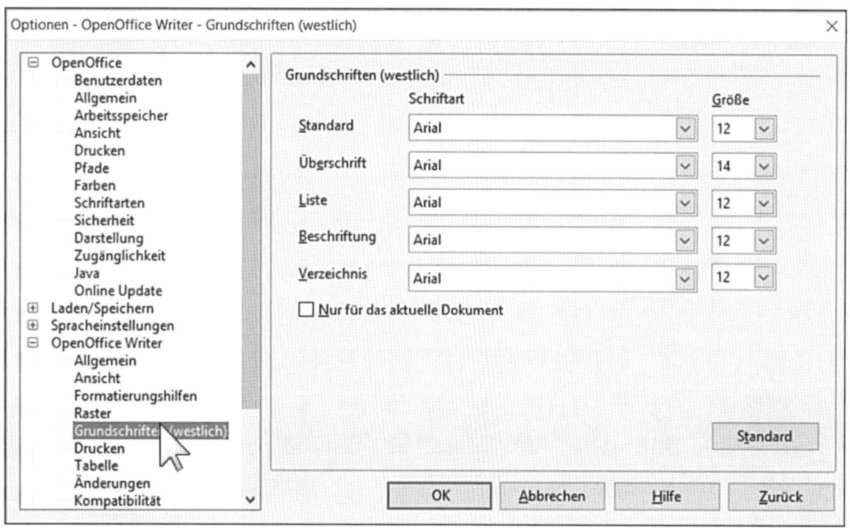

3. Geben Sie rechts in allen Feldern die gewünschte Schrift ein und klicken Sie auf **OK**.

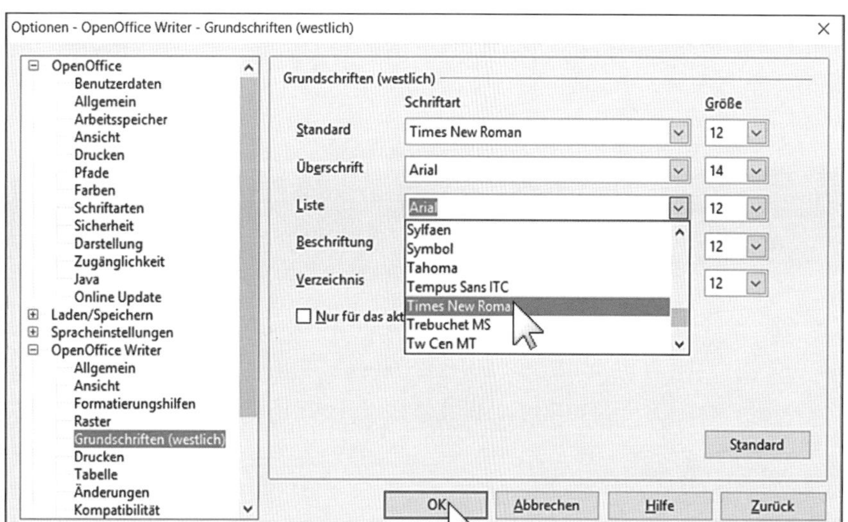

3. Pädagogische Fonts und Schulschriften

Pädagogische Fonts sind Sonderschriften wie Spiegelschrift, Rückwärtsschrift, halb abgedeckte Schrift, Notenschrift, mathematische Zeichen etc. Sie sind nicht in den Fonts der Textverarbeitungsprogramme enthalten, sondern müssen zusätzlich erworben und installiert werden.

Schulschriften wie z. B. die Lateinische Ausgangsschrift oder die Vereinfachte Ausgangsschrift können im Internet zum Teil kostenlos heruntergeladen werden.

Tipp: Auf **www.schulschriften.de** können Sie unterschiedliche Schulschriften herunterladen. Dazu müssen Sie sich registrieren.

Vereinfachte Ausgangsschrift und Druckschriften können Sie sich auch kostenlos auf **www.pelikan.de** unter Lehrer ▸ Schreiben & Schrift herunterladen.

Kapitel 7 – Mit dem Computer Bilder einfügen

Für dieses Kapitel wird Ihnen die erforderliche Textdatei auf **www.pc-fuehrerschein-fuer-kinder.de** zur Verfügung gestellt:

- **Glueck_im_Unglueck.doc** für Microsoft Word
- **Glueck_im_Unglueck.odt** für den OpenOffice Writer

Hinweis: Die Schreibweise **ue** als Ersatz für ü (Entsprechendes gilt für alle Umlaute und ß) ist für das Abspeichern eines Worddokuments an sich nicht nötig. Sobald eine Datei jedoch mit dem Internet in Berührung kommt, bereiten Umlaute und ß Probleme. Aus diesem Grunde wurden alle Dateien, die im Internet für den PC-Führerschein zur Verfügung gestellt werden, ohne Umlaute und ß benannt.

1. Download der Textdatei Glueck_im_Unglueck

1. Klicken Sie mit der linken Maustaste auf den Link **Glueck_im_Unglueck.doc** bzw. **Glueck_im_Unglueck.odt**.

   Anhand der Endungen (**doc** oder **odt**) wird automatisch erkannt, mit welchem Programm Sie öffnen können.

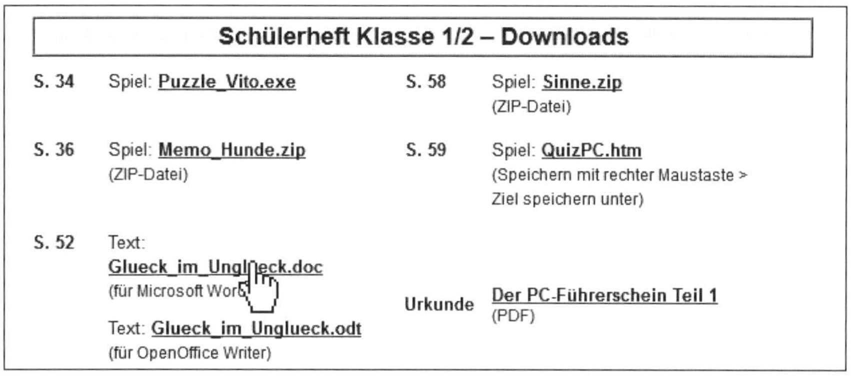

2. Geben Sie an, dass Sie die Datei mit dem zugehörigen Programm öffnen möchten.

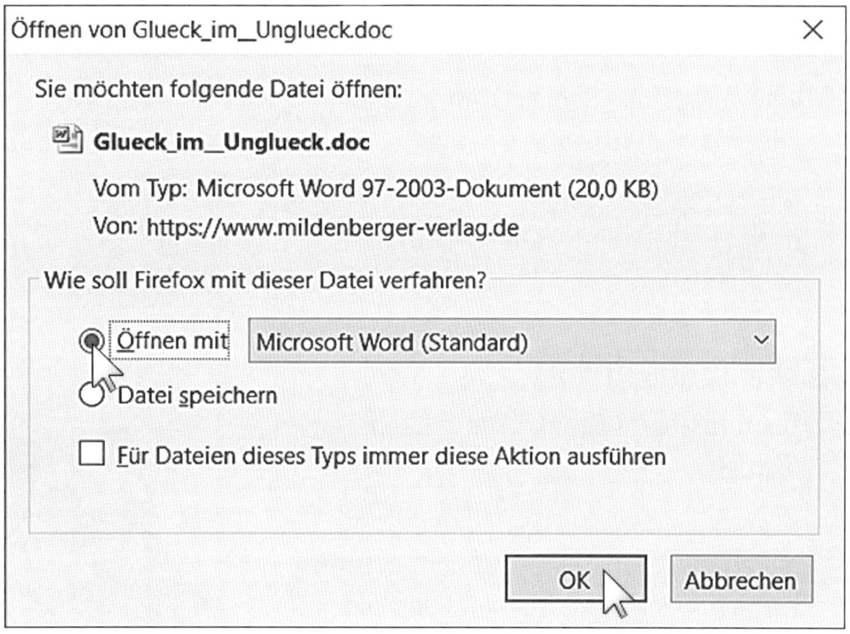

3. Die Datei öffnet sich im entsprechenden Programm, hier Word.
4. Geben Sie gegebenenfalls an, dass Sie die Bearbeitung aktivieren möchten.
5. Speichen Sie die Datei (**Datei ▸ Speichern unter**) auf dem Desktop.

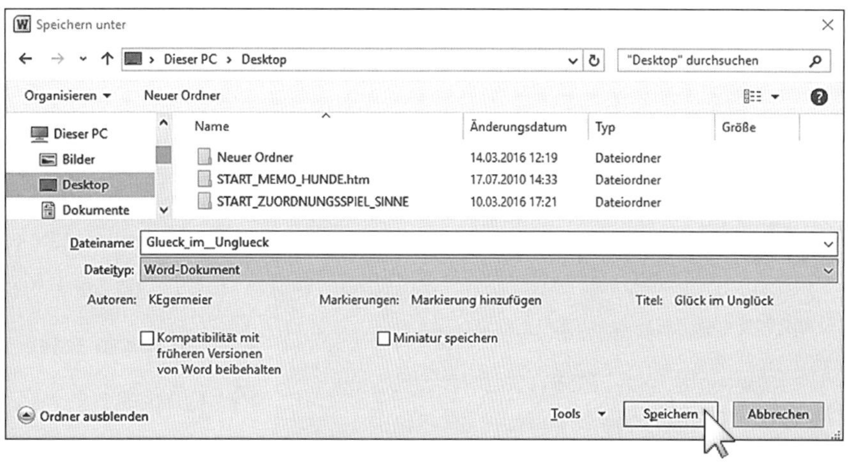

Hinweis 1: Für **Datei ▸ Speichern unter** können Sie auch die **F12-Taste** drücken.
Hinweis 2: Bei Word 2007 klicken Sie anstatt auf den Menüpunkt **Datei** auf die **Office-Schaltfläche**.

2. Eine Grafik bearbeiten

Textverarbeitungsprogramme bieten häufig vorgefertigte Grafiken an. Diese heißen bei Microsoft Word **ClipArts,** beim OpenOffice Writer spricht man einfach von **Bildern**.

→ Das Einfügen von ClipArts bzw. Bildern kann anhand des Schülerheftes 1 nachvollzogen werden (Kapitel 7, Seite 52 ff.). Hier erfahren Sie nun Möglichkeiten, die Grafiken zu bearbeiten.

Microsoft Word

1. **Eine Grafik formatieren:**

   Um eingefügte Grafiken bearbeiten zu können, müssen sie angeklickt sein. Nur bei einer aktivierten Grafik erscheint eine zusätzliche Registerkarte oben am Bildschirm: **Bildtools / Format**.

   Mit den verschiedenen Schaltflächen dieser Registerkarte kann die Grafik bearbeitet werden.

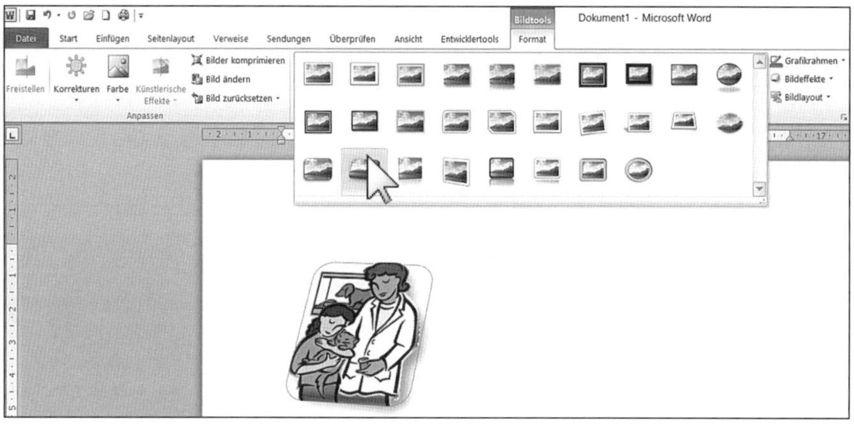

2. **Eine Grafik drehen:**

   Die formatierte Grafik kann gedreht werden.

   Klicken Sie dazu in das Bild und positionieren den Mauszeiger auf dem **grünen Punkt** in der Mitte oberhalb des Bildes.

   Mit gedrückter linker Maustaste können Sie nun die Grafik drehen.

3. **Eine Grafik im Dokument bewegen:**

   Grafiken können zunächst nicht mit gedrückter linker Maustaste frei im Dokument bewegt werden.

   Geben Sie dazu erst über die Registerkarte **Bildtools / Format** einen anderen **Zeilenumbruch** als den voreingestellten Umbruch „Mit Text in Zeile" an.

   Danach können Sie die Grafik mit gedrückter linker Maustaste im Dokument bewegen.

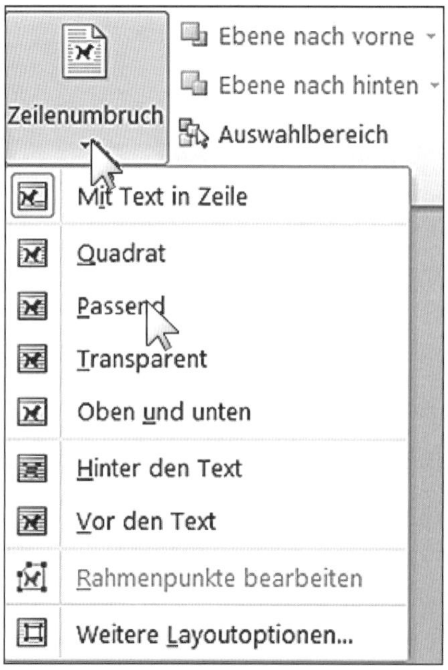

OpenOffice Writer

Im OpenOffice Writer fügen Sie Bilder über die Schaltfläche **Galerie** ein. Sie sind nach dem Einfügen bereits formatiert und können direkt bearbeitet werden.

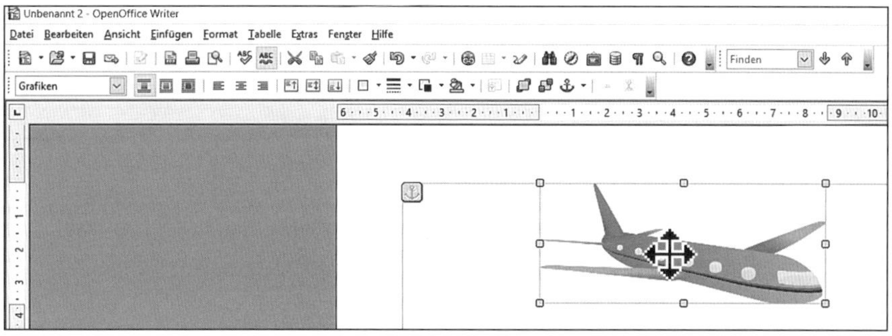

1. **Positionierung des Bildes:**

   Öffnen Sie mit einem Doppelklick auf die Grafik das Fenster namens **Bild**. Über den Reiter **Umlauf** bestimmten Sie die Position des Bildes im Text, z. B. vor, hinter oder parallel zum Text.

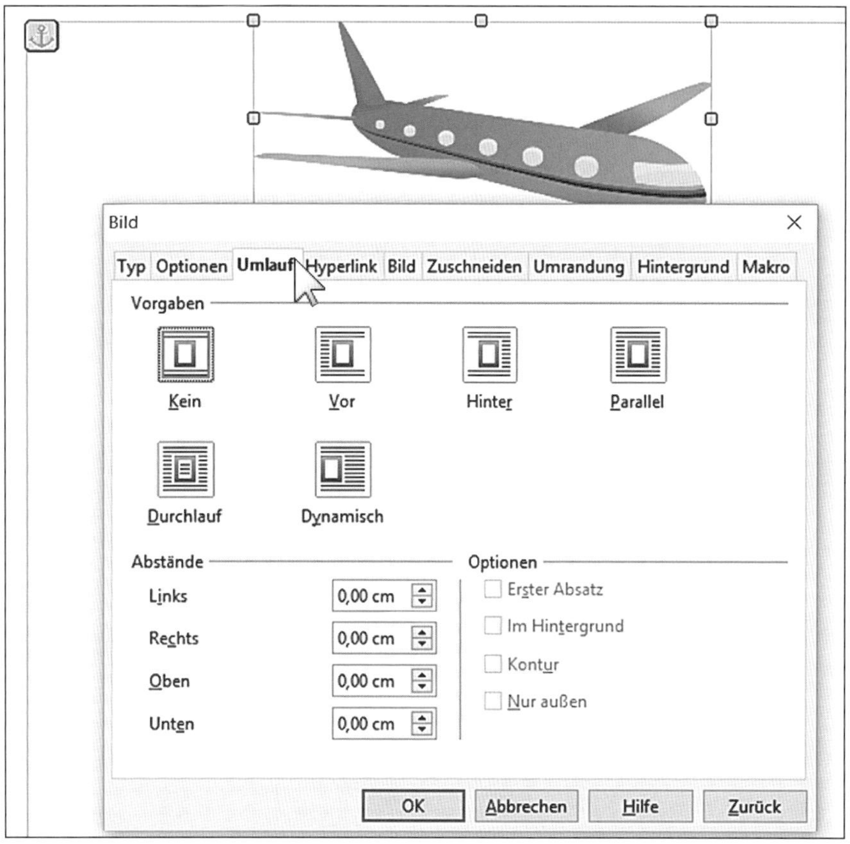

2. **Zusätzliche Bearbeitungsmöglichkeiten:**

   Über den Menüpunkt **Ansicht** und **Symbolleisten** blenden Sie die **Bild-Symbolleiste** ein. Sie bietet Ihnen zusätzliche Bearbeitungsmöglichkeiten.

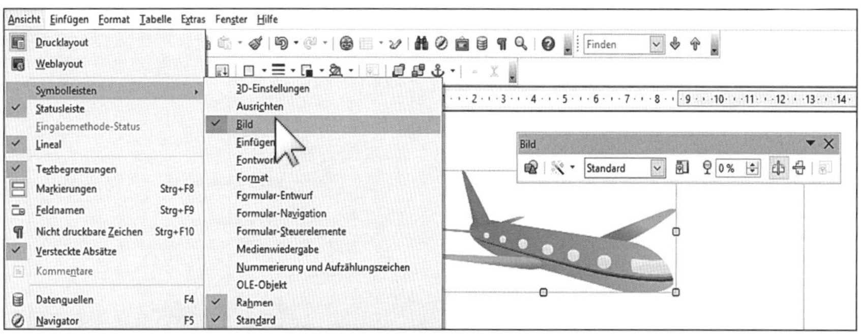

3. Illustration einfügen (nur Microsoft Word)

In der Registerkarte **Einfügen** können Sie in der Gruppe **Illustrationen** verschiedene Arten von Grafiken einfügen.

Hier finden Sie die ClipArts. Wenn Sie auf die Schaltfläche **ClipArt** klicken, öffnet sich am rechten Bildschirmrand ein Aufgabenbereich, in dem Sie ClipArts auswählen können.

Achtung! Ab Word 2013 ist die Handhabung anders. Beachten Sie dazu die Seite 51.

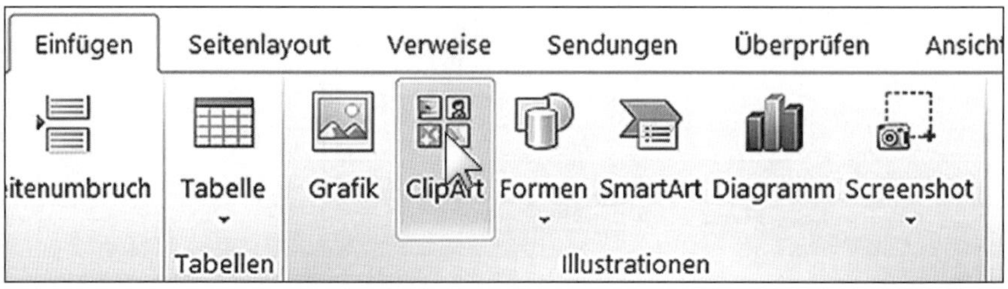

Mit SmartArt-Grafiken können Sie Zusammenhänge grafisch darstellen.

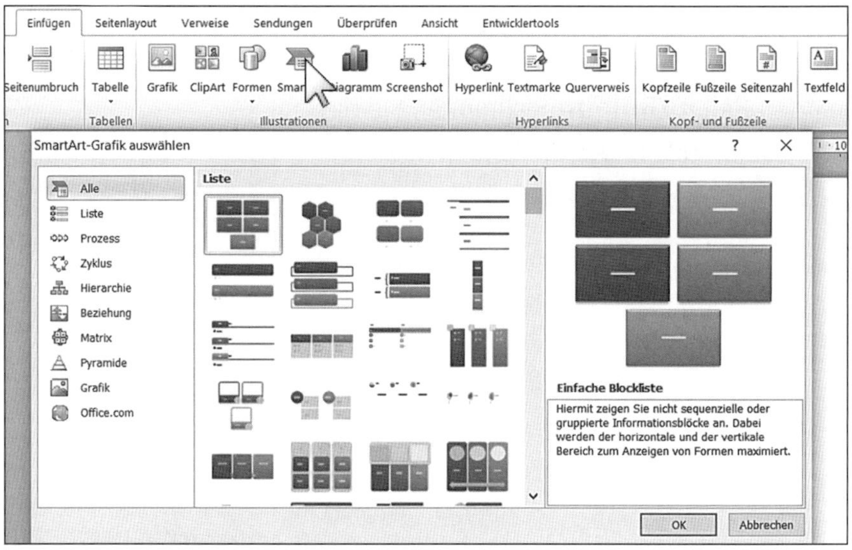

Klicken Sie auf die Schaltfläche **Formen**, erhalten Sie eine Auswahl der verschiedensten Darstellungsmöglichkeiten wie Linien, Standardformen, Pfeile usw.

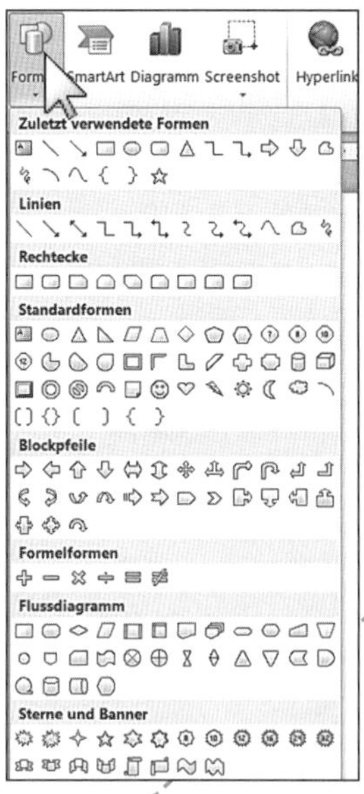

4. Bilder sprechen lassen (nur Microsoft Word)

Wie Sie es aus Comics kennen, können Sie Bilder mit Sprechblasen zum Reden bringen. Dazu verwenden Sie eine **Legende**.

1. Fügen Sie eine ClipArt-Grafik ein. Beachten Sie dazu auch Seite 51.

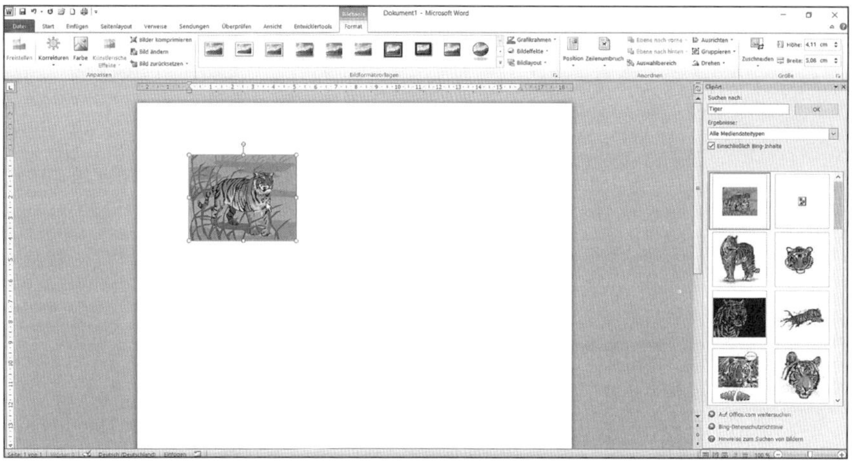

2. In der Registerkarte **Einfügen** öffnen Sie die Auswahl der **Formen**.

3. Wählen Sie hier per Mausklick ganz unten eine der **Legenden** aus.

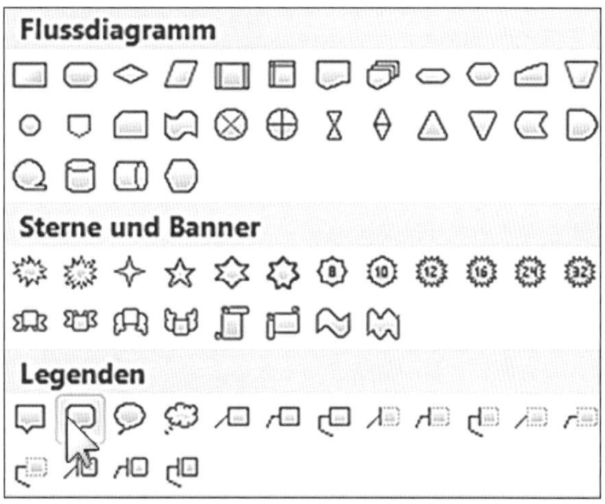

4. Klicken Sie zuerst in das Bild und anschließend an die Stelle, an der die Legende stehen soll.
5. Durch **Ziehen mit gedrückter Maustaste**, z. B. nach rechts oben, entsteht die Legende.

   Sie können ihre Größe jederzeit mittels der **Ziehpunkte** verändern.

6. Sobald Sie die Legende aufgezogen haben, blinkt der Cursor darin, und Sie können einen **Text** eingeben.

7. Wenn Sie den Mauszeiger auf den gepunkteten Rahmen der Legende platzieren, können Sie mit gedrückter Maustaste die gesamte Legende **verschieben**.

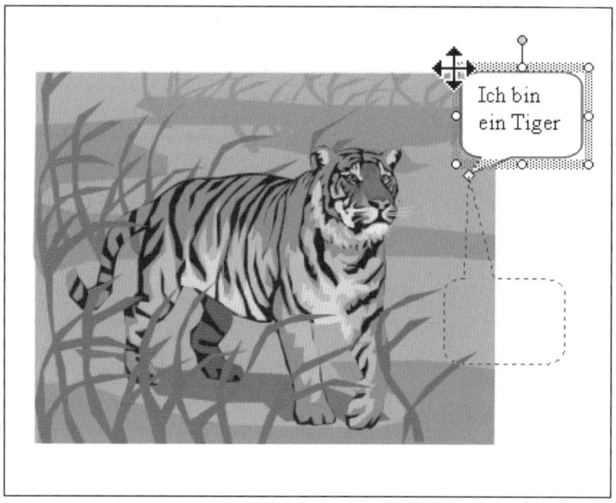

8. Um die Legende einem bestimmten Sprecher zuzuordnen, ziehen Sie die kleine **gelbe Raute** mit gedrückter Maustaste an die gewünschte Stelle (hier: Maul des Tigers).

9. Das Bild bzw. der Tiger „spricht".

5. ClipArts in den unterschiedlichen Versionen einfügen (nur Microsoft Word)

Die ClipArts werden abhängig von den Versionen unterschiedlich einfügt. So unterscheidet sich das Einfügen zwischen Word 2007/2010 und Word 2013/2016 ein wenig.

Word 2007 und Word 2010:

1. Holen Sie die Registerkarte **Einfügen** in den Vordergrund.
2. Klicken Sie auf die Schaltfläche **ClipArt**.
3. Rechts öffnet sich der **Aufgabenbereich** ClipArt.
4. Geben Sie bei **Suchen nach:** den Suchbegriff ein.
5. Bestätigen Sie über **OK**.
6. Mit einem **Mausklick** fügen Sie die ClipArt ein.

   Beachten Sie die Option **Einschließlich Bing-Inhalte**. Durch das Häkchen werden die Bilder automatisch über das Internet ergänzt.

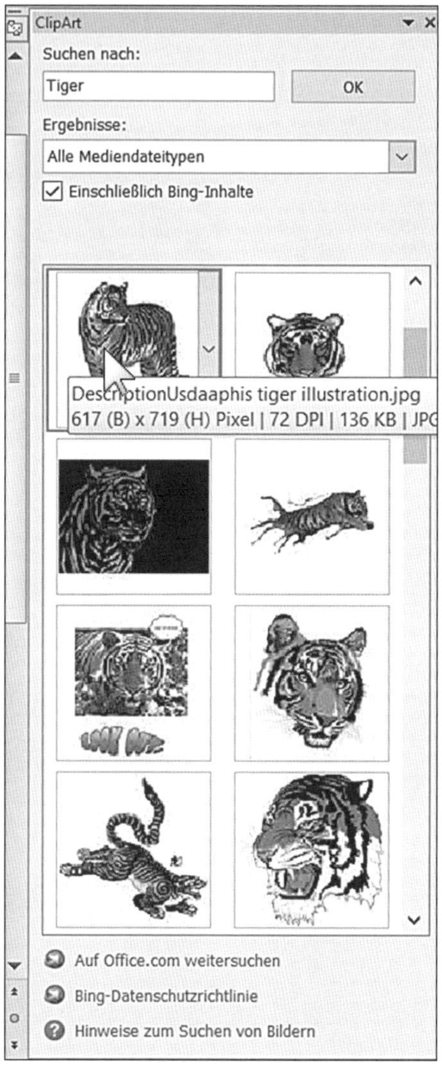

Word 2013 und Word 2016:

Hier werden die Grafiken direkt im Internet gesucht.

1. Holen Sie die Registerkarte **Einfügen** in den Vordergrund.
2. Klicken Sie auf die Schaltfläche **Onlinegrafiken**.
3. Geben Sie Ihren Suchbegriff ein.
4. Das Ergebnis der Suche wird Ihnen im Internet angezeigt.

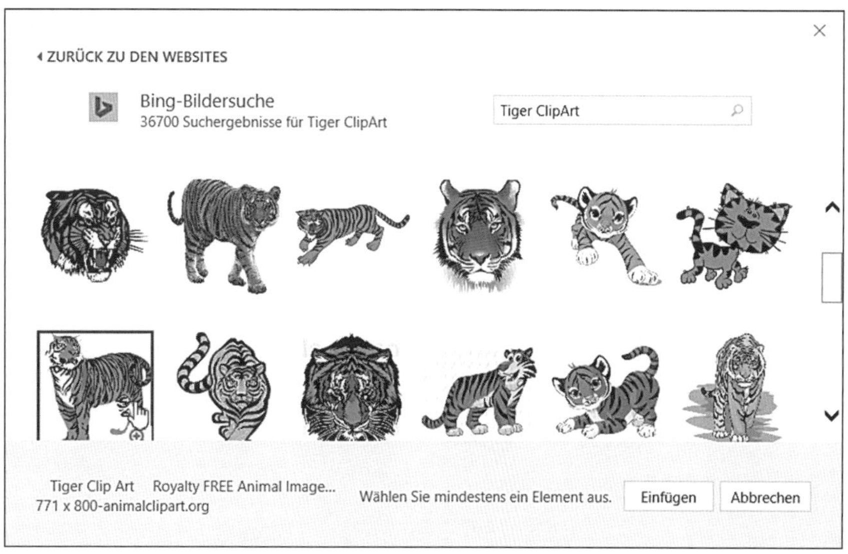

6. Bilder aus dem Internet auf dem Computer speichern

⇢ Wie Sie Bilder, die sich auf dem Computer befinden, in ein Dokument einbauen, können Sie anhand des Schülerheftes 2 nachvollziehen (Kapitel 2, Seite 14 f.). Wie Sie Bilder aus dem Internet, z. B. von **www.pc-fuehrerschein-fuer-kinder.de**, in Word-Dokumente einfügen, erfahren Sie hier.

1. Öffnen Sie **www.pc-fuehrerschein-fuer-kinder.de** und suchen Sie sich ein Bild aus.

2. Klicken Sie auf das Bild oder den entsprechenden Link darunter.

   Das Bild öffnet sich in Originalgröße.

3. Klicken Sie mit der rechten Maustaste auf das Bild und mit der linken auf **Grafik speichern unter....**

4. Geben Sie den Zielort an, an dem Sie das Bild abspeichern möchten, z. B. den Desktop oder einen speziellen Ordner, und klicken Sie auf **Speichern**.

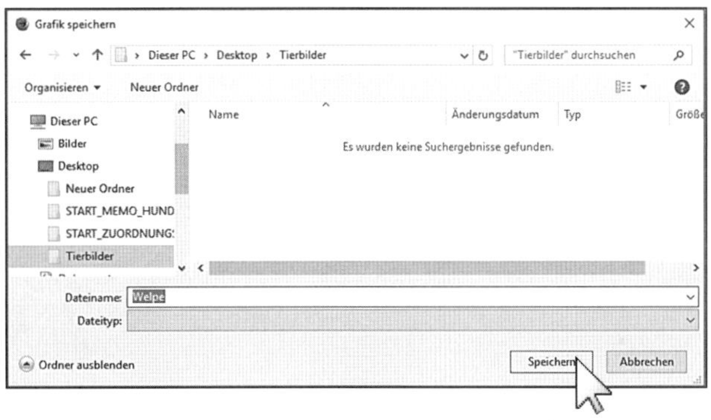

5. Jetzt können Sie von Ihrem geöffneten Textdokument aus auf dieses Bild zugreifen und es einfügen. Klicken Sie dazu in der Registerkarte **Einfügen** auf die Schaltfläche **Grafik**. Wählen Sie das Verzeichnis aus, in dem Sie das Bild zuvor gespeichert haben. Fügen Sie das Bild mit einem **Doppelklick** in das Dokument ein.

Bei Word 2013 und 2016 klicken Sie anstatt auf die Schaltfläche **Grafik** auf die Schaltfläche **Bilder**.

7. Bilder direkt in das Textdokument kopieren (nur Microsoft Word)

Sie können die Bilder aus dem Internet auch direkt in Ihr Textdokument einfügen, ohne sie zuvor abzuspeichern. Sie sind dann nicht zusätzlich auf der Festplatte, sondern nur im jeweiligen Textdokument gespeichert.

1. Befolgen Sie **Schritt 1. und 2.** der vorangehenden Anleitung, sodass Sie das Bild in Originalgröße vor sich haben.

2. Klicken Sie wieder mit der rechten Maustaste auf das Bild. Diesmal wählen Sie jedoch **Grafik kopieren**.

3. Wählen Sie in der Registerkarte **Start** den Befehl **Einfügen**. Sie können aber auch …

   … die **rechte Maustaste** drücken und den Eintrag **Einfügen** wählen oder …

   … die **Tastenkombination Strg + V** drücken.

4. Das Bild befindet sich nun (nur) in Ihrem Word-Dokument und muss, wie auf Seite 46 beschrieben, erst wieder formatiert werden, bevor Sie es frei bewegen können. Wählen Sie dazu wieder auf der Registerkarte **Bildtools / Format** einen anderen **Zeilenumbruch** als den voreingestellten Umbruch „Mit Text in Zeile" aus.

   Die Registerkarte **Bildtools / Format** ist nur sichtbar, wenn das Bild angeklickt ist.

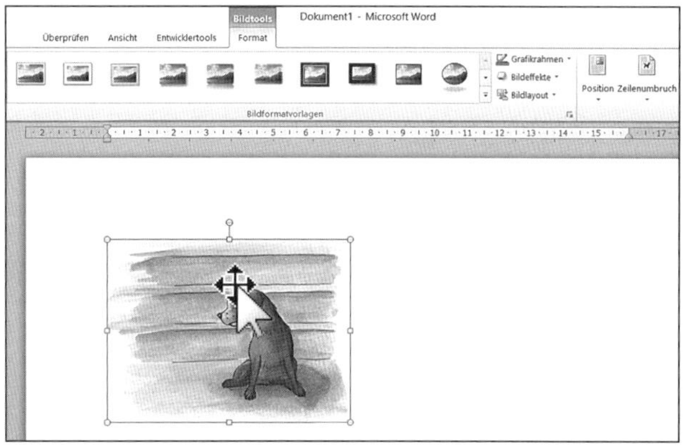

Kapitel 8 – Mit dem Computer spielen (2)

Das **Zuordnungsspiel (Sinne.zip)** sowie das **Quiz (QuizPC.htm)** stehen auf **www.pc-fuehrerschein-fuer-kinder.de** kostenlos zum Download bereit.

Sinne.zip

→ Zum Download des Spiels gehen Sie bitte analog zu der Anweisung für das Memo-Spiel Hunde auf Seite 36 f. in diesem Lehrerheft vor (Anleitung und Erklärung Heft 1 – zu Kapitel 4).

QuizPC.htm

→ Mit einem einfachen Klick auf **QuizPC.htm** führen Sie das Spiel direkt online aus. Sie können es jedoch auch wie folgt herunterladen (Hinweis für Schulcomputer ohne Internetzugang siehe Seite 3):

1. Klicken Sie mit der rechten Maustaste auf den Link **QuizPC.htm** und wählen Sie **Ziel speichern unter…**.

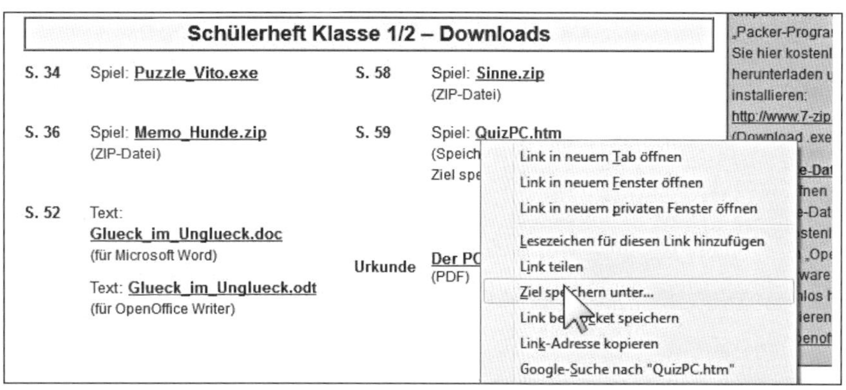

2. Geben Sie einen Zielort, z. B. den Desktop, an und klicken Sie auf **Speichern**.

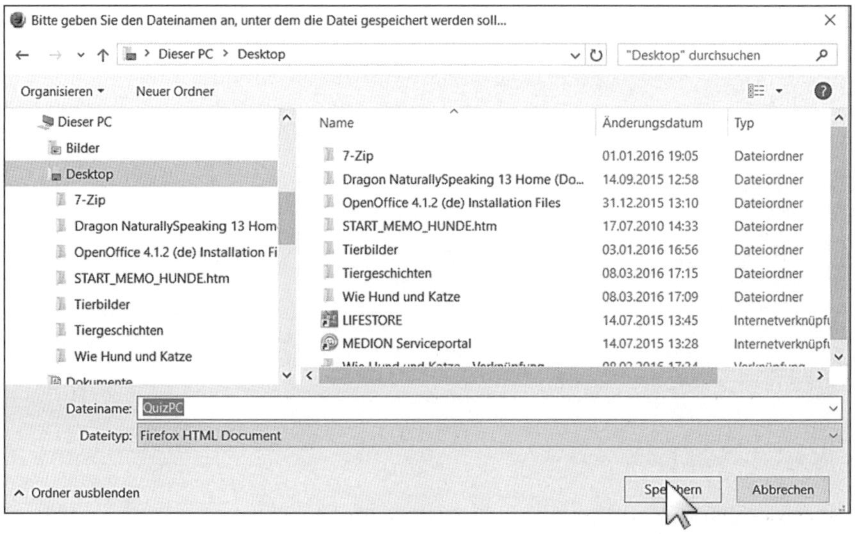

3. Das Spiel befindet sich nun auf Ihrem Desktop und kann auch **ohne Internetverbindung** gespielt werden.

   Es öffnet sich nach einem Doppelklick automatisch in dem **Standardbrowser** Ihres Computers.

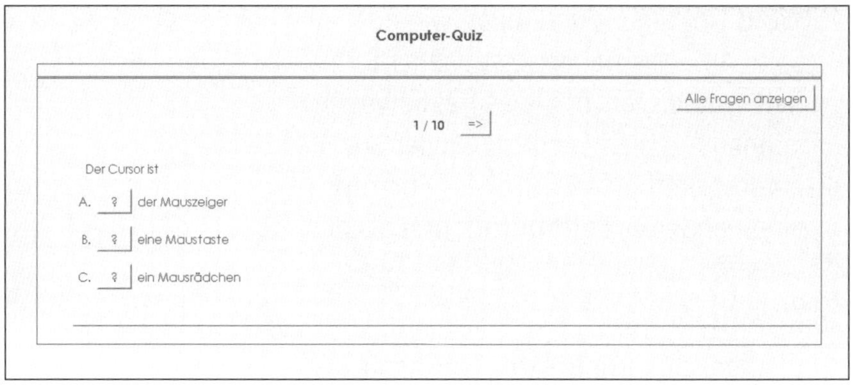

Kapitel 4

Anleitung und Erklärung (Heft 2)

Kapitel 1 – Mit dem Computer schreiben (1)

Für dieses Kapitel wird Ihnen die erforderliche Textdatei auf **www.pc-fuehrerschein-fuer-kinder.de** zur Verfügung gestellt:

- **Wie Hund und Katze.doc** für Microsoft Word
- **Wie Hund und Katze.odt** für den OpenOffice Writer

1. Download der Textdatei

1. Suchen Sie auf **www.pc-fuehrerschein-fuer-kinder.de** das Dokument, das zu Ihrem Textverarbeitungsprogramm passt.

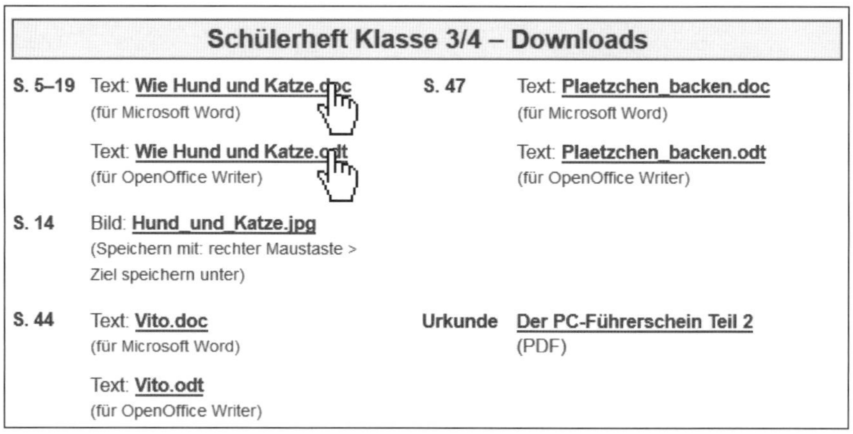

2. Klicken Sie mit der rechten Maustaste auf den entsprechenden Link und wählen Sie **Ziel speichern unter…**.

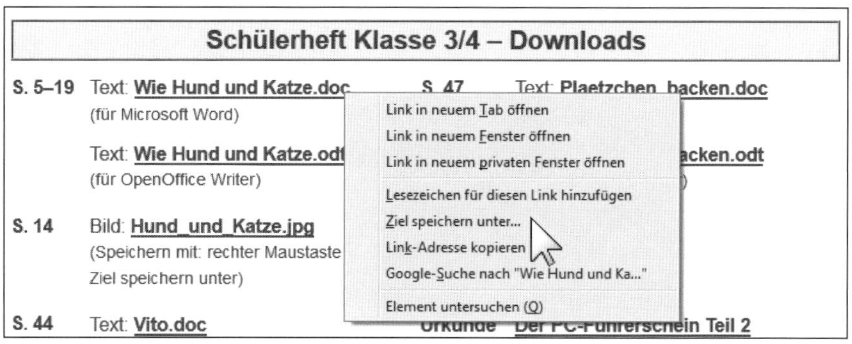

3. Geben Sie einen Zielort an, z. B. den Desktop oder einen bestimmten Ordner, und klicken Sie auf **Speichern**.

   Die Datei befindet sich nun auf dem Desktop bzw. in dem zuvor bestimmten Ordner.

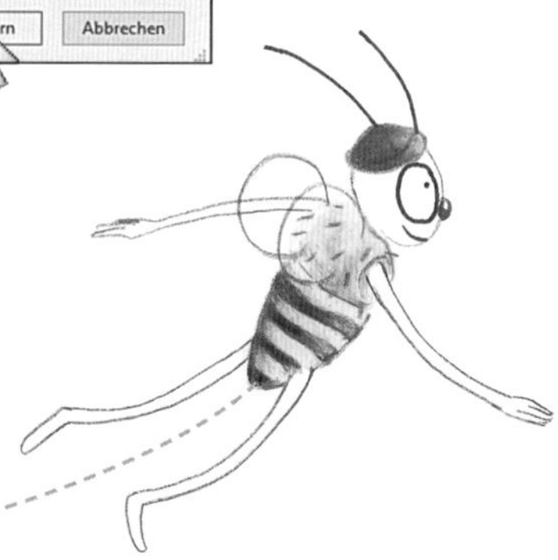

2. Öffnen der Textdatei

Ein Doppelklick öffnet die Datei automatisch in dem Programm, zu dem die Dateiendung gehört. So öffnet der Computer z. B. die Datei **Wie Hund und Katze.doc** automatisch mit **Microsoft Word**, da die Endung **doc** diesem Programm zugeordnet ist.

Sie können eine Datei auch von einem Programm ausgehend öffnen:

1. Starten Sie Ihr Textverarbeitungsprogramm und klicken Sie auf **Datei ▸ Öffnen** …

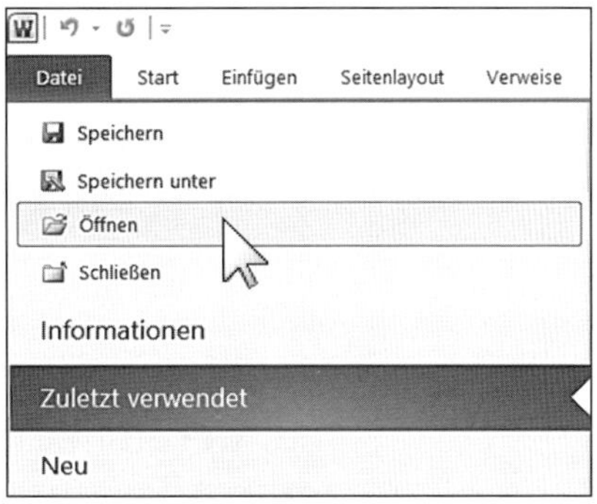

2. … oder direkt auf das **Öffnen-Symbol** [Symbol]. Dazu müssen Sie aber zunächst die Schaltfläche in die Symbolleiste für den Schnellzugriff einbinden.

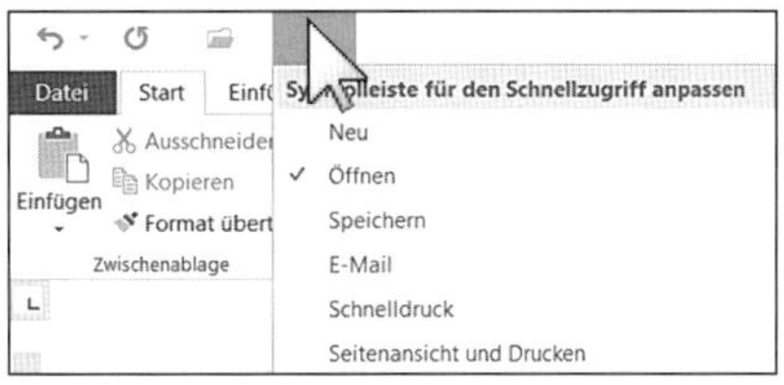

3. Suchen Sie nun die **Datei**, die Sie öffnen möchten. Dazu müssen Sie wissen, wo Sie sie zuvor abgespeichert haben, z. B. auf dem Desktop. Mit einem Doppelklick auf die Datei öffnen Sie diese sofort.

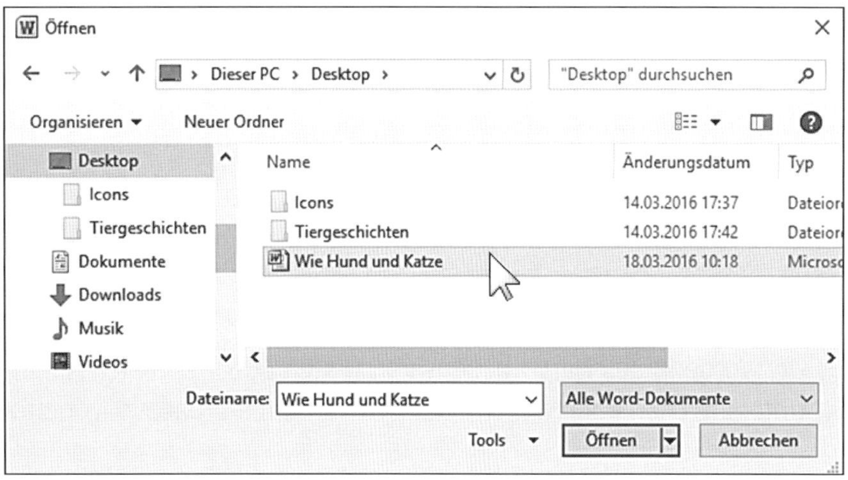

4. Da die Datei aus dem Internet stammt, erscheint gegebenenfalls ein **Sicherheitswarnung**. Die Bearbeitung muss hier einmalig aktiviert werden.

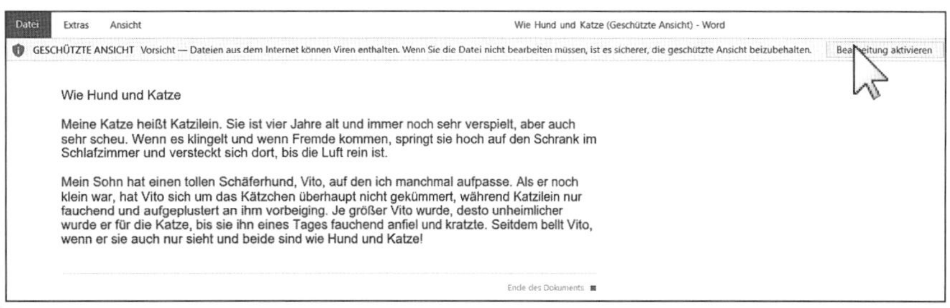

→ Diese Vorgehensweise empfiehlt sich, wenn eine Endung, wie z. B. die für das Bildformat JPG, mit mehreren Programmen kompatibel ist, Sie die Datei jedoch mit einem ganz bestimmten Programm öffnen möchten.

3. Markieren innerhalb einer Textdatei

→ Wörter, Sätze oder den gesamten Text können Sie, wie im Schülerheft 2 beschrieben, ganz einfach durch das Ziehen mit der Maus markieren (Kapitel 1, Seite 5).

→ Sie können Wörter, Sätze oder ganze Absätze aber auch so markieren:

Ein **Wort** markieren	→ **Doppelklick** in das Wort
Einen **Satz** markieren	→ **Strg-Taste** plus **Mausklick** in den Satz
Einen **Absatz** markieren	→ **Dreifachklick** in ein Wort innerhalb des Absatzes
Den **ganzen Text** markieren	→ **Strg-Taste** + Buchstabe **a** oder → **Menüband ▸ Start ▸ Bearbeiten ▸ Markieren ▸ Alles markieren** (Microsoft Word) bzw. **Menüleiste ▸ Bearbeiten ▸ Alles auswählen** (OpenOffice Writer)
Markierung aufheben	→ **Mausklick** an eine beliebige Stelle innerhalb des Dokuments

4. Texte formatieren

→ Der Vorgang des Hervorhebens von Texten oder Textteilen durch Farbe, Fett- oder Kursivschrift oder durch Unterstreichen kann anhand des Schülerheftes 2 nachvollzogen werden (Kapitel 1, Seite 8 ff.).

→ Auch mit Tastenkombinationen können Sie diese und noch weitere Effekte erzielen.
Klicken Sie in das Wort oder markieren Sie einen Textteil und gehen Sie wie folgt vor:

Fett setzen	→ **Strg**-Taste + **Umschalttaste** + Buchstabe **F**
Kursiv setzen	→ **Strg**-Taste + **Umschalttaste** + Buchstabe **K**
Unterstreichen	→ **Strg**-Taste + **Umschalttaste** + Buchstabe **U**
Hochstellen	→ **Strg**-Taste + **Pluszeichen** (+)
Tiefstellen	→ **Strg**-Taste + **Rautezeichen** (#)
In **Großbuchstaben** umwandeln	→ **Strg**-Taste + **Umschalttaste** + Buchstabe **Q**
Doppelt unterstreichen	→ **Strg**-Taste + **Umschalttaste** + Buchstabe **D**
Sämtliche **Formatierungen aufheben**	→ **Strg**-Taste + **Leertaste**

5. Zeilenabstände

Der Zeilenabstand ist in den Textverarbeitungsprogrammen in der Regel auf **einzeilig** voreingestellt. Sie können auch ihn über das Menüband (Microsoft Word) bzw. die Menüleiste (OpenOffice Writer) oder anhand von Tastenkombinationen umstellen.

a. Einstellung über das Menüband (Microsoft Word)

1. Der Weg über das Menüband führt über die Schaltfläche **Zeilenabstand** [Symbol].

   Öffnen Sie die Liste durch einen Klick auf den kleinen Pfeil und wählen Sie einen Zeilenabstand aus.

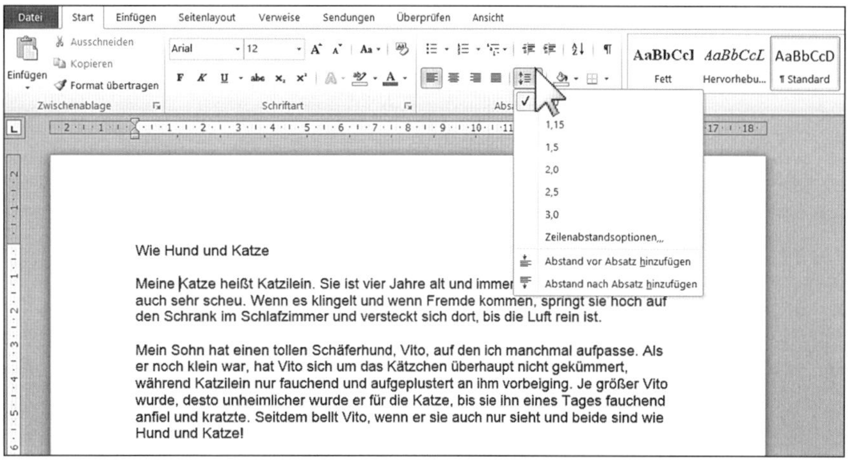

2. Der Zeilenabstand ändert sich, jedoch nur für den **Absatz**, in dem sich Ihr Cursor befunden hat.

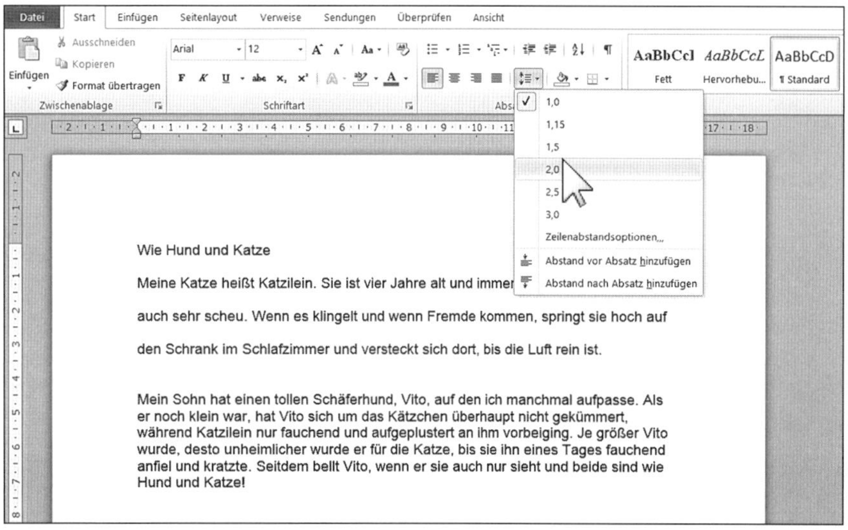

→ Möchten Sie den Zeilenabstand für das gesamte Dokument oder mehrere Absätze verändern, müssen Sie zuvor den gesamten gewünschten Bereich markieren.

b. Einstellung durch Tastenkombinationen (Microsoft Word)

Abstand **1-zeilig**	**Strg**-Taste + Zifferntaste **1** im Buchstabenblock
Abstand **1,5-zeilig**	**Strg**-Taste + Zifferntaste **5** im Buchstabenblock
Abstand **2-zeilig**	**Strg**-Taste + Zifferntaste **2** im Buchstabenblock

6. Aufzählungszeichen und Nummerierung (Microsoft Word)

Möchten Sie mit Aufzählungszeichen oder Nummerierung arbeiten, stehen Ihnen zwei Schaltflächen auf dem Menüband zur Verfügung.

1. Klicken Sie vor den Satz, mit dem Ihre Aufzählung beginnen soll, und gehen Sie auf die Schaltfläche
   - für **Aufzählungszeichen**
   - oder für **Nummerierung**.

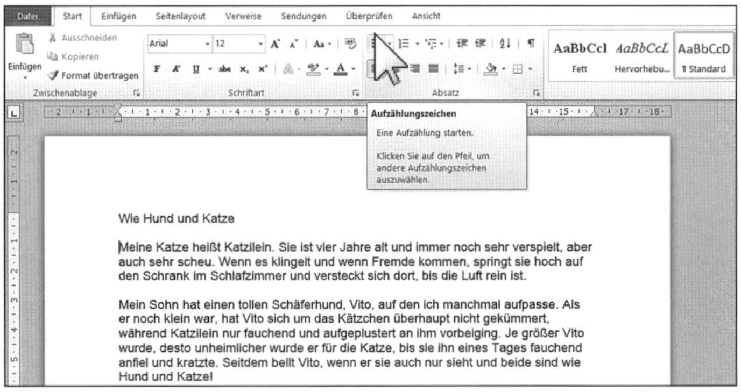

2. Der **gesamte Absatz** wird unter den Aufzählungspunkt verschoben.

   Das kann unter Umständen mehr Text sein, als Sie dem ersten Aufzählungspunkt zugedacht hatten, und z. B. den zweiten Aufzählungspunkt mit beinhalten.

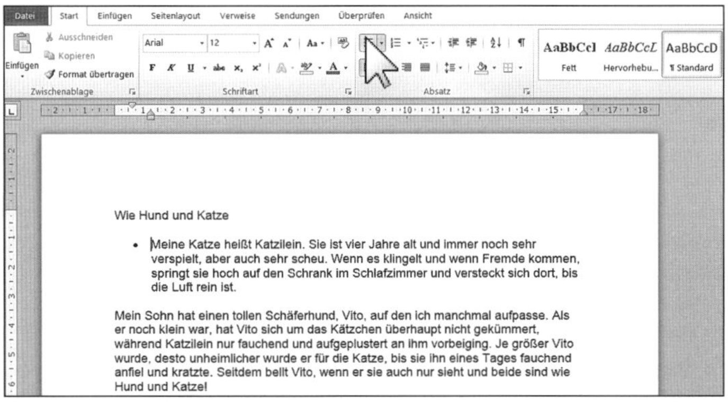

3. Ist das der Fall, genügt es, vor den Buchstaben zu klicken, an dem der nächste Aufzählungspunkt beginnen soll, und die **Eingabetaste** zu betätigen.

   Der Computer setzt den Text dann ab diesem Buchstaben automatisch unter einen neuen Aufzählungspunkt.

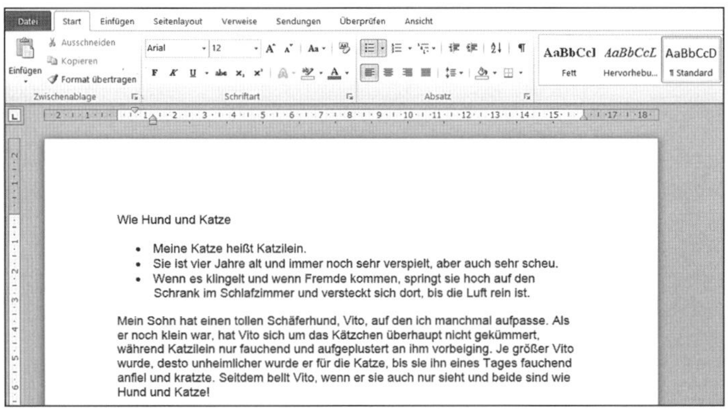

Kapitel 2 – Eine Grafik bearbeiten

- Wie Sie Bilder in ein Textdokument einfügen und bearbeiten, haben Sie bereits im Schülerheft 2 (Kapitel 2, Seite 14 ff.) kennengelernt.
- Auf der Internetseite **www.pc-fuehrerschein-fuer-kinder.de** werden Ihnen zahlreiche Bilder zur Verfügung gestellt, die Sie sich auf Ihren Computer laden und für Textdokumente verwenden können. Der Download kann auf Seite 52 f. in diesem Lehrerheft nachvollzogen werden (Anleitung und Erklärung Heft 1 – Kapitel 7).
- Für das Formatieren, Drehen und Bewegen einer Grafik folgen Sie bitte der Anleitung auf Seite 46 f. in diesem Lehrerheft (Anleitung und Erklärung Heft 1 – Kapitel 7).

Kapitel 3 – Mit dem Computer ins Internet (1)

→ Alle notwendigen Informationen und Arbeitsschritte zu diesem Kapitel können Sie dem Schülerheft 2 entnehmen (Kapitel 3, Seite 21 ff.).

Kapitel 4 – Mit dem Computer schreiben (2)

→ Alle notwendigen Informationen und Arbeitsschritte zu diesem Kapitel können Sie dem Schülerheft 2 entnehmen (Kapitel 4, Seite 31 ff.).

Kapitel 5 – Mit dem Computer ins Internet (2)

→ Alle notwendigen Informationen und Arbeitsschritte zu diesem Kapitel können Sie dem Schülerheft 2 entnehmen (Kapitel 5, Seite 37 ff.).

Kapitel 6 – Mit dem Computer schreiben (3)

Für dieses Kapitel wird Ihnen die erforderliche Textdatei auf **www.pc-fuehrerschein-fuer-kinder.de** zur Verfügung gestellt:

→ **Vito.doc** für Microsoft Word
→ **Vito.odt** für den OpenOffice Writer

→ Für den Download gehen Sie bitte analog zu der Anleitung vor, die auf Seite 45 f. in diesem Leherheft für das Herunterladen der Textdatei Glueck_im_Unglueck gegeben wird (Anleitung und Erklärung Heft 1 – zu Kapitel 7).

1. Drag-and-drop

→ Wie man Textteile durch die Befehle **Ausschneiden** und **Einfügen** verschiebt, kann anhand des Schülerheftes 2 nachvollzogen werden (Kapitel 6, Seite 44 f.).

Schneller geht es mit der sogenannten **Drag-and-drop**-Methode.

Was ist Drag-and-drop?

Drag-and-drop bedeutet übersetzt soviel wie Ziehen und Fallenlassen. Dabei platziert man den Mauszeiger auf ein markiertes Element und zieht es mit gedrückter linker Maustaste an eine andere Stelle. Mit dem Loslassen der Maustaste ist das Element verschoben.

Verschieben von Textteilen mit Drag-and-drop

1. Klicken Sie in den markierten Textteil, den Sie verschieben möchten, und halten Sie die linke Maustaste gedrückt.

   Sobald Sie den Mauszeiger bewegen, erscheint unter dem Mauszeiger ein kleines **gestricheltes Rechteck**.

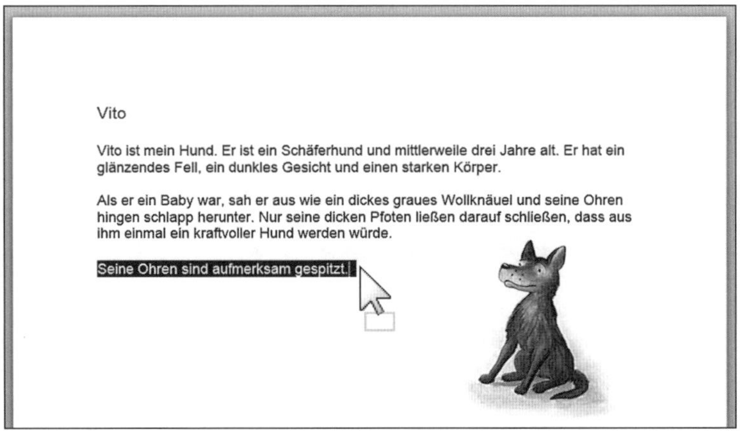

2. **Ziehen** Sie den Text nun an die gewünschte Stelle. Das gestrichelte Rechteck wandert mit.

3. Sobald Sie die Maustaste **loslassen**, wird der Text an die neue Stelle verschoben.

   Halten Sie bei dem Vorgang zusätzlich die **Strg-Taste** nieder, kopieren Sie den markierten Text an die gewünsche Stelle.

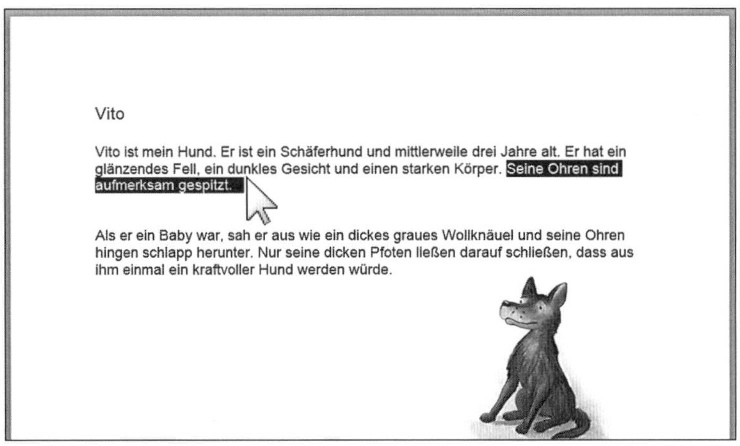

2. Ausschneiden, kopieren und einfügen mit Tastenkombinationen

Textteile ausschneiden, kopieren und einfügen können Sie auch über die Tastatur:

Ausschneiden	⇢ **Strg**-Taste + Buchstabe **X**
Kopieren	⇢ **Strg**-Taste + Buchstabe **C**
Einfügen	⇢ **Strg**-Taste + Buchstabe **V**
Wiederholen	⇢ **Strg**-Taste + Buchstabe **Y**

oder

Ausschneiden	⇢ **Umschalt**-Taste + Taste **Entf**
Einfügen	⇢ **Umschalt**-Taste + Taste **Einfg**

3. Arbeitsschritte rückgängig machen

Wenn Sie einen Vorgang, wie z. B. das Verschieben eines Textelementes, rückgängig machen wollen, können Sie das über eine Schaltfläche in der Symbolleiste oder wieder durch eine Tastenkombination.

1. Haben Sie z. B. einen Satz an eine falsche Stelle verschoben, können Sie den Arbeitsschritt widerrufen, indem Sie auf die Schaltfläche **Rückgängig** klicken.

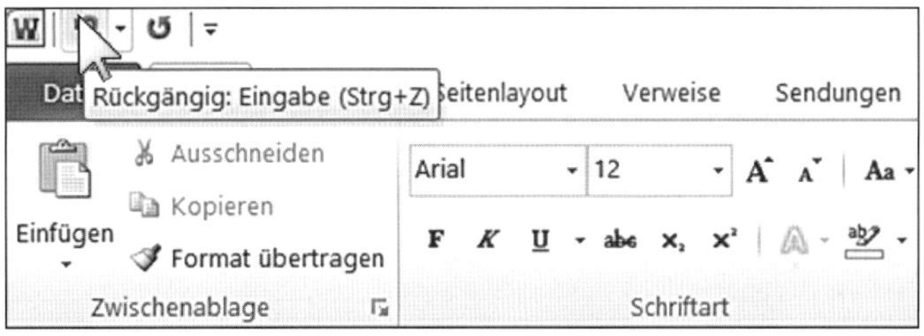

2. Das Programm geht einen Schritt zurück.

   Sie können auf diese Weise jeden Ihrer Arbeitsschritte nacheinander rückgängig machen.

   Wenn Sie eine rückgängig gemachte Aktion wieder ausführen möchten, klicken Sie auf das Symbol **Wiederherstellen**.

→ Um einen Schritt zurückzugehen, können Sie auch die Tastenkombination **Strg**-Taste + Buchstabe **Z** nutzen.

4. Die Rechtschreibhilfe

a. Download der Textdatei Plaetzchen_backen

Für dieses Kapitel steht Ihnen ein vorgefertigtes Textdokument zur Verfügung: **Plaetzchen_backen.doc** für Microsoft Word oder **Plaetzchen_backen.odt** für den OpenOffice Writer.

→ Für den Download gehen Sie bitte analog zu der Anleitung vor, die auf Seite 45 f. in diesem Lehrerheft für das Herunterladen der Textdatei Glueck_im_Unglueck gegeben wird (Anleitung und Erklärung Heft 1 – zu Kapitel 7).

b. Einsatz der Rechtschreibhilfe

→ Die Nutzung der Rechtschreibhilfe kann anhand des Schülerheftes 2 nachvollzogen werden (Kapitel 6, Seite 47 f.).

Mit **Microsoft Word** können auch einzelne Wörter überprüft werden. Dazu nutzen Sie das Kontextmenü.

Was ist ein Kontextmenü?

Das Kontextmenü öffnet sich, wenn Sie mit der rechten Maustaste auf ein Element klicken. Der Namensbestandteil **Kontext** besagt, dass der Inhalt dieses Menüs davon abhängig ist, welches Element Sie in welchem Arbeitsschritt anklicken.

Überprüfen einzelner Wörter (nur Microsoft Word)

1. Schreiben Sie absichtlich einige Wörter falsch und klicken Sie mit der rechten Maustaste in eines dieser falschen Wörter.

2. Es öffnet sich das **Kontextmenü**, in dem Ihnen Microsoft Word Rechtschreibalternativen vorschlägt.
3. Klicken Sie auf den gewünschten Eintrag …

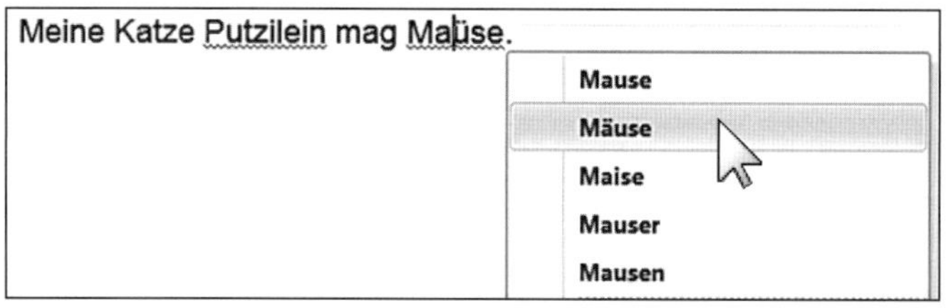

… oder auf **Alle ignorieren**, wenn Sie das Wort für das gesamte Dokument nicht korrigieren wollen, …

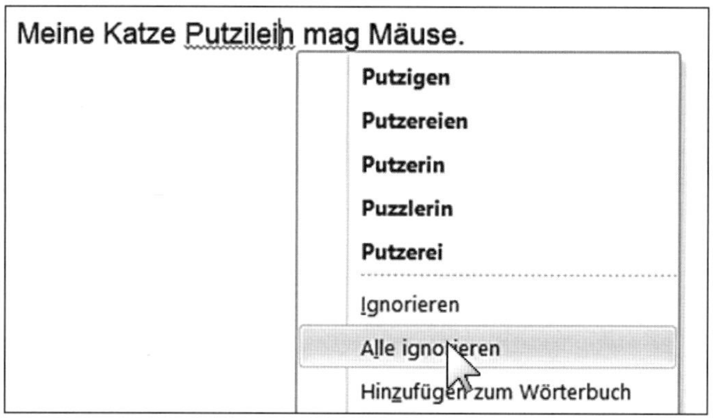

… oder auf **Hinzufügen zum Wörterbuch**, wenn Sie möchten, dass das Wort von Ihrem Schreibprogramm ab sofort immer als richtig anerkannt wird.

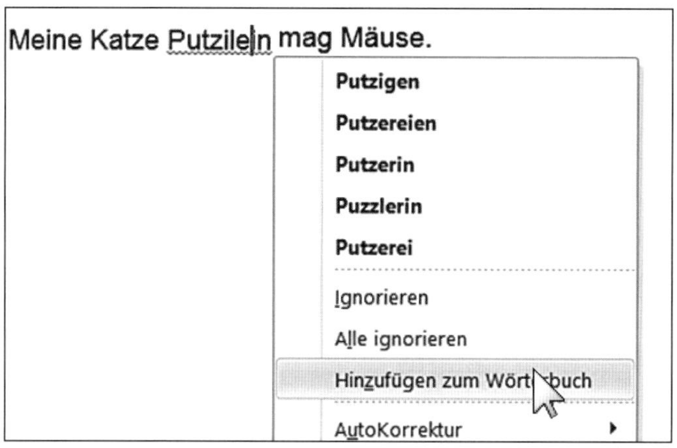

Kapitel 7 – Mit dem Computer präsentieren

→ Alle notwendigen Informationen und Arbeitsschritte zu diesem Kapitel können dem Schülerheft 2 entnommen werden (Kapitel 7, Seite 51 ff.).

Kapitel 8 – Mit dem Computer ins Internet (3)

→ Alle notwendigen Informationen und Arbeitsschritte zu diesem Kapitel können dem Schülerheft 2 entnommen werden (Kapitel 8, Seite 63 ff.).

Kapitel 5

Fachbegriffe

Administrator
Systemverwalter mit uneingeschränktem Zugriff auf das Betriebssystem, der für die Wartung, Verwaltung und Betreuung des Systems zuständig ist. Im Netzwerk stellt der Administrator (Netzwerkadministrator) auf einem Server einzelne Dienste für das Netzwerk bereit. Er plant, konfiguriert und verwaltet den alltäglichen Betrieb des Netzwerks.

Adobe Acrobat Reader DC
Mithilfe der Software Adobe Acrobat Reader DC lesen Sie z. B. Prospekte oder Zeitschriften im Internet. Dateien der kostenlosen Betrachtersoftware haben die Endung **pdf**. Im Internet herunterladen können Sie sie unter **https://get.adobe.com/reader/**.

Arbeitsspeicher
Siehe RAM.

Ausschneiden
Die Funktion **Ausschneiden** transportiert den markierten Inhalt (= ausgewählte Buchstaben, Wörter, Sätze, Absätze, Zeilen, Texte, Bilder) in die Zwischenablage. Durch den Befehl **Einfügen** wird er dann an eine andere Stelle eingefügt. Im Gegensatz zum Kopieren wird das Original dabei gelöscht.

Benutzeroberfläche
Eine Benutzeroberfläche ist das gesamte **Erscheinungsbild**, das Sie bei einem Programm oder Betriebssystem auf dem Bildschirm sehen. Windows z. B. zeichnet sich durch eine **grafische** Benutzeroberfläche (= die Anzeige auf dem Bildschirm) aus, bei der durch Mausklicks auf Fenstern und Schaltflächen bestimmte Befehle ausgeführt werden.

Bildlaufleiste
Um am Bildschirm schneller zu **blättern** (= scrollen, rollen), ziehen Sie mit **gedrückter linker Maustaste** den Schieberegler in der Bildlaufleiste am rechten Bildschirmrand nach unten oder nach oben. Dieses graue Rechteck kann je nach Dokumentlänge und Einstellung verschieden groß sein.

Bildungsserver
Auf Bildung abgestimmte Informationsdienste im Internet, die aus offiziellen Projekten des Bundes oder der Länder entstanden sind. Neben dem Deutschen Bildungsserver (**www.bildungsserver.de**) gibt es 16 Landesserver (z. B. **www.bildung-rp.de** oder **www.learn-line.nrw.de**), die zum großen Teil direkt mit den entsprechenden Kultusministerien verlinkt sind.

Blinde Kuh
Kindersuchmaschine im Internet (**www.blinde-kuh.de**), die nicht nur für Kinder geeignet ist. Der kostenlose Dienst, der von einem gemeinnützigen Verein betrieben wird, bietet auch eigene Inhalte an.

Booten
Sobald Sie den **PC starten**, erscheint die Ablaufroutine (= **Bootvorgang**) des Computers und zum Schluss das Betriebssystem wie z. B. Windows. In einem PC ist das Booten notwendig, um alle Komponenten so weit zur **Funktionsfähigkeit** zu überprüfen, dass das Betriebssystem geladen bzw. gestartet werden kann.

Browser
Programm, mit dem Sie **Daten aus dem Internet** darstellen. Zu den Standardbrowsern gehören u. a. der **Microsoft Internet Explorer, Microsoft Edge** oder **Mozilla Firefox**.

Chat
(englisch to chat = plaudern, sich unterhalten) Unterhaltung über das Internet, bei der die Teilnehmer (Chatter) **in Echtzeit** miteinander kommunizieren, während sie sich in einem gemeinsamen virtuellen Raum befinden.

Cookie
Wenn Sie eine Internetseite starten, wird diese Datei auf Ihrem PC gespeichert, damit Sie bei einem späteren Besuch von ihr wiedererkannt werden. Die Betreiber können damit zielgruppengerechte Werbung schalten oder Passwörter und Einkaufslisten speichern.

Cursortasten
Zwischen dem Buchstabenblock und dem numerischen Block der Tastatur befindet sich der Cursor- oder auch Pfeiltastenblock. Damit können Sie den Cursor auf dem Bildschirm bewegen.

Datei
Alles, was Sie mit einem Computerprogramm wie z. B. Word erstellen und **abspeichern**, wird zu einer Datei.

Dialogfeld
Ein Fenster einer Computerprogramm, in dem Sie z. B. Befehle auswählen. Hier findet zwischen Ihnen als Anwender und dem Programm ein Dialog statt.

Domain (Domäne)
Ein Domainname ist die persönliche Adresse einer Webseite, unter der man sie erreichen kann. Im Aufbau besteht eine Domain aus der Top Level Domain rechts (geografische Endung wie z. B. **.de**, **.at** etc. oder generische Endung wie **.com**, **.net** etc.) und der Second Level Domain, dem persönlichen Namen (wie z. B. pc-fuehrerschein-fuer-kinder).

Doppelklick
Die (meist linke) Maustaste wird schnell **zweimal** hintereinander gedrückt.

Download
Das Herunterladen einer Datei oder eines Programms vom Internet auf den PC.

Drag-and-drop
Englische Bezeichnung für **Ziehen und Fallenlassen**. Dieses Verfahren ermöglicht es, Text oder eine Datei mit dem Mauszeiger zu bewegen. Dazu wird die linke Maustaste gedrückt gehalten, bis das Objekt an einer anderen Stelle steht und durch Loslassen der Maustaste abgelegt wird.

DSL
= Digital Subscriber Line. So heißt die **Breitbandtechnik**, die ein schnelles **Surfen** im **Internet** über die Telefonleitung ermöglicht. Dabei wird ein spezieller Teil der Telefonleitung für den Datentransport genutzt.

Fonts
Bezeichnung für **Schriftarten**.

Forum
Elektronische Plattform zum schriftlichen **Meinungsaustausch**, sozusagen ein öffentlicher Diskussionstreffpunkt im Netz.

Funktionstasten
Oberhalb des Buchstabenblocks der Tastatur liegen die Funktionstasten **F1** bis **F12**. Diese erzeugen keine Zeichen auf dem Bildschirm, sondern lösen eine **Funktion** oder einen Ablauf aus. Was durch das Drücken einer Funktionstaste passiert, hängt vom Programm ab und ist individuell einstellbar.

Grafik
In der Medientechnik steht der Begriff **Grafik** für Abbildungen, die auf geometrische Grundformen reduziert werden können. Als **Bilder** bezeichnet man dagegen Abbildungen, die nicht aus geometrischen Grundformen zusammengesetzt sind – z. B. **Fotos**. Im Zusammenhang mit Datenformaten werden Bilder und Grafiken oft zusammengefasst unter dem Begriff **Grafikformate**.

Hardware
Alle physischen Bestandteile des Computers.

Homepage
Im engeren Sinne erste Seite einer Webseite. Der Begriff wird jedoch meist im weiteren Sinne für die gesamte Webseite verwendet.

HTML
= Hypertext Markup Language. Mit dieser Auszeichnungssprache werden alle Dokumente für das Internet geschrieben. Browser verstehen und „übersetzen" diesen Code.

Http
= Hypertext Transfer Protocol, ein Übertragungsverfahren von Seiten im **World Wide Web**. Das Kürzel http:// gehört vor die **Internetadresse**. Die gängigen Browser fügen diesen Zusatz automatisch hinzu, sodass Sie dieses Kürzel nicht eingeben müssen.

Hypertexte
Ein Hypertext besteht aus einzelnen Textfragmenten, die durch Links netzartig miteinander verknüpft sind. Jedes Fragment kann für sich alleine stehen, ist aber auch offen für frei wählbare Erweiterungen in Text-, Ton- oder Bildform. Hypertexte wurden entwickelt, um umfangreiche Informationen in Datenbanken zu organisieren (z. B. Inhaltsverzeichnis einer CD, Daten im Internet).

Installieren
Das Einrichten einer Software für den PC.

Interaktive Lernumgebung
Netzbasierte Lernumgebung aus Hypertexten und interaktiven Animationen, Video- oder Audiodateien. Die Lernenden beeinflussen die Abfolge der Übungen selbst.

Internet
Netzwerk unzähliger Rechner auf der ganzen Welt, die Daten untereinander austauschen.

Internetadresse (auch URL)
Über die Internetadresse finden Sie Webseiten. Dazu geben Sie immer **www** ein, dann folgt der **Domainname** (der persönliche Name der Internetseite), dann eine Top Level Domain wie z. B. **.de**.

Keyboard
Englische Bezeichnung für die **Tastatur**.

Kindersuchmaschinen
Hier gelangen Kinder durch die Eingabe eines Suchbegriffs auf **kindgerechte Seiten**. So z. B. mit der Kindersuchmaschine **www.blindekuh.de**.

Komprimierung
Technik zum **Verkleinern der Dateigröße**. Komprimierte Dateien ermöglichen es, Daten effizienter zu übertragen bzw. beim Archivieren von Daten weniger Speicherplatz zu verbrauchen. Dateien wie Bilder können – gerade bei der Internetübertragung – viel Speicherplatz in Anspruch nehmen. Mit speziellen Programmen können Sie Dateien packen, aber auch entpacken.

Kontextmenü
Das Kontextmenü öffnet sich auf Windows-Systemen, wenn Sie mit der rechten Maustaste auf ein Element klicken. Der Namensbestandteil **Kontext** besagt, dass der Inhalt dieses Menüs davon abhängig ist, welches Element Sie in welchem Arbeitsschritt anklicken.

Laden
Ausdruck für das Öffnen (**= Starten**) einer Datei.

Microsoft Office
Ein Softwarepaket mit mehreren Microsoft-Programmen, z. B. Word, Excel, PowerPoint.

Neue Medien
Sammelbegriff für verschiedene Techniken im Bereich der Unterhaltungselektronik, der Datenverarbeitung, der Nachrichtentechnik und für Neuentwicklungen bei der Informationsspeicherung und -übertragung. Im Bildungsbereich wird der Begriff benutzt für **computerunterstütztes Lernen** (Lernen mit Software, Internet usw.).

Numerischer Block
Ganz rechts auf der Tastatur befindet sich der **numerische Block** (Ziffernblock). Mit der Taste **Num** schalten Sie ihn ein und aus. Ist er eingeschaltet, leuchtet auf manchen Tastaturen ein Licht bei **Num** auf. Der numerische Block ist sehr nützlich, wenn nur Zahlen in eine Bildschirmmaske eingegeben werden müssen.

Offene Unterrichtsformen
Um den Computer sinnvoll in den Unterricht einzubinden, sind offene Unterrichtsformen mit **Abschaffung des Stundentaktes** vorteilhaft. Je nach Arbeitsauftrag befassen sich die Kinder in Einzel-, Partner- oder Gruppenarbeit mit dem Thema, das kindgerecht und handlungsorientiert aufbereitet sein muss.

Pädagogische Fonts
Sonderschriften wie Spiegelschrift, Rückwärtsschrift, halb abgedeckte Schrift, Notenschrift, mathematische Zeichen etc. Sie sind nicht in den Fonts der Textverarbeitungsprogramme enthalten, können aber zusätzlich erworben und installiert werden.

Passwort
Geheimes persönliches Kennwort zur Identifizierung im Internet.

PC
= Personal Computer (persönlicher Computer).

PDF
= Portable Document Format, (trans)portables Dokumentenformat. Plattformunabhängiges Dateiformat, das vom Unternehmen Adobe Systems entwickelt wurde. PDF-Dokumente können mit zahlreichen Betrachterprogrammen geöffnet werden; die bekanntesten sind **Adobe Acrobat Reader DC** und **Foxit Reader**.

Peripheriegeräte
Externe Geräte wie Maus, Tastatur, Monitor oder Drucker, die an den Computer angeschlossen werden.

Pixel
Kleinste Einheit eines Bildes oder eines Bildschirms. Digitale Bilder bestehen aus vielen einzelnen Bildpunkten, die Pixel genannt werden.

Plug-and-play
Der Computer erkennt Geräte meist nach dem Plug-and-Play-Verfahren. Die meisten Computerfirmen einigten sich auf einen Standard, den sie Plug-and-play (**anschließen und benutzen**) nannten. Wenn alle Teile Ihres PCs diesem Standard entsprechen, arbeiten die Komponenten automatisch zusammen.

Port (Schnittstelle)
An diesen Stellen des Rechners werden die **Geräte (Hardware)** wie Tastatur, Maus, Drucker, Scanner usw. – die sogenannten Peripheriegeräte – angeschlossen.

Provider
Versorgen die Nutzer (= User) des Internets mit einem Zugang, mit Leitungskapazität und/oder mit Serverplatz.

Prozessor
Die **CPU** (= **C**entral **P**rocessing **U**nit, Zentrale Recheneinheit) ist der **Mikroprozessor**, der die Verarbeitungskapazität und -geschwindigkeit des Computers bestimmt. Die Leistung wird in der Maßeinheit Millionen Instruktionen pro Sekunde (MIPS) angegeben. Ein Anhaltswert für die Geschwindigkeit eines Prozessors ist die Taktfrequenz, die in Megahertz angegeben wird.

RAM (**R**andom **A**ccess **M**emory)
Dort legt der Computer seine Daten ab. Am häufigsten ist vom Arbeitsspeicher die Rede, da ein Computer oft benötigte Daten von der Festplatte in diesen Arbeitsspeicher lädt, um schneller auf sie zugreifen zu können.

RealPlayer
Um Videos im Internet zu sehen oder Dateien zu hören, benötigt man eine bestimmte Software, wie z. B. den **RealPlayer**. Dieses Programm können Sie kostenlos aus dem Internet auf Ihren PC herunterladen: **de.real.com**.

Reiter
Registerkarten innerhalb eines Windows-Fensters verfügen über beschriftete Reiter, die dazu dienen, eine Karte per Mausklick in den Vordergrund zu holen.

RTF
= **R**ich **T**ext **F**ormat. Dieses Dateiformat dient zum **Datenaustausch** mit anderen Programmen und wird als Dateityp beim **Speichern** festgelegt.

Schaltflächen
1. In der Regel **Bestandteile von Dialogfeldern**. Sie können beispielsweise die in einem Dialogfeld ausgewählten Optionen durch einen Klick auf die Schaltfläche OK bestätigen.
2. Eine Schaltfläche in den Symbolleisten steht stellvertretend für eine Funktion, wie z. B. die Umrisse eines Druckers für das Drucken.

Server
(englisch to serve = dienen) Spezieller Computer im Netzwerk mit bestimmten Aufgaben. Er stellt z. B. Daten, Programme und Speicherplatz bereit (Fileserver) oder er bearbeitet empfangene bzw. abgeschickte E-Mails (Mailserver). Als Druckserver schickt er Druckaufträge von verschiedenen Computern an bestimmte Drucker.

Setup
Datei für die **Installation** eines Programms.

Shareware
Ein Shareware-Programm können Sie für eine bestimmte Zeit **testen**, bevor Sie sich für den Kauf entscheiden.

Shift-Taste
= Umschalttaste zum Großschreiben von Buchstaben. Wie bei einer Schreibmaschine drücken Sie zuerst die Shift-Taste und dann den gewünschten Buchstaben.

Spam
Unverlangt zugesandte E-Mails, z. B. Massenmails zu Werbezwecken oder Kettenbriefe, unter Umständen mit Viren versehen.

Trojanische Pferde
Kleine Programme (z. B. Spiele), die über das Internet angeboten werden, um Ihren Rechner auszuspionieren. Sobald Sie diese anklicken, findet eine ungewollte Datenübertragung statt.

Update
Aktualisieren einer Software, ohne den vorhandenen Datenbestand zu löschen bzw. zu ändern.

Upload
Datenübertragung vom Rechner ins Internet.

Verknüpfungen
Programme, Ordner oder Dateien, die bereits an einer anderen Stelle auf Ihrem Computer zu finden sind. Mittels Verknüpfungen können Sie auf eine nur einmal vorhandene Datei von vielen Stellen aus zugreifen.

Virus
Ein Computerprogramm, das für Ihren PC schädliche Aktionen ausführt. Zum Schutz dienen Antivirenprogramme.

Vollversion
Ein Computerprogramm, bei dem alle Funktionen in vollem Umfang uneingeschränkt zur Verfügung stehen.

Webcam
Mit einer Webcam können Sie auf dem PC Standbilder und Videos empfangen und senden. So können die Kinder z. B. am Computer verfolgen, wie Küken schlüpfen, sich Hirsche verhalten oder Robben in Zoos gefüttert werden. Die Übertragung erfolgt in einzelnen Bildern und um einige Sekunden zeitverzögert.

Webseite
Virtueller Platz im Internet. Eine Webseite besteht meist aus mehreren Webdokumenten, die durch eine Navigation miteinander verbunden sind.

Windows
Betriebssystem des Unternehmens Microsoft mit einer grafischen Benutzeroberfläche, bei der durch Mausklick auf Fenstern und Schaltflächen bestimmte Befehle ausgeführt werden. Windows ist sozusagen die Schaltzentrale Ihres Computers. Im Laufe der Zeit haben sich die Funktionen in Windows immer weiter entwickelt. Die gängigsten Versionen zum Zeitpunkt der Drucklegung diese Heftes sind:

- **Windows 7,**
- **Windows 8,**
- **Windows 8.1,**
- **Windows 10.**

WWW
= World Wide Web, deutsch „weltweites Netz". Umgangssprachlich wird es meist mit dem Internet gleichgesetzt, tätsächlich ist es aber nur der populärste Teil desselben.

Zwischenablage
Um z. B. Texte von einer Stelle im Dokument an eine andere Stelle zu **verschieben** oder zu **kopieren**, wird normalerweise die Zwischenablage (temporärer Speicher) genutzt. Durch die Befehle **Kopieren** oder **Ausschneiden** wird der Text aufgenommen und bei Bedarf durch den Befehl **Einfügen** wieder eingefügt.

Kapitel 6

Stichwortverzeichnis

E

F

G

H

I

J

K

L